놀라운 하나님의 사랑

Embracing the Love of God

놀라운 하나님의 사랑

제임스 브라이언 스미스 지음 | 서하나 옮김

좋은씨앗

한없이 작은 나를 찾아오신
하나님의 용납과 용서, 그리고 돌보심

그리스도 예수 안에서는 할례나 무할례가 효력이 없으되
사랑으로써 역사하는 믿음뿐이니라
― 갈라디아서 5장 6절

목차

들어가는 글 _ 9
프롤로그 _ 13

PART 1. 하나님의 용납을 배우기
1장 얻을 수 없는, 그래서 잃을 수 없는 _ 21
2장 완벽해질 수만 있다면 _ 41
3장 너를, 있는 모습 그대로 _ 63

PART 2. 하나님의 용서를 받아들이기
4장 단번에, 아무런 조건 없이 _ 85
5장 구원받은 내가, 어떻게 그런 죄를? _ 107
6장 용서, 꿈에서라도 하고 싶지 않은 _ 129

PART 3. 하나님의 돌보심을 경험하기
7장 위대한 하나님, 사소한 내 문제 _ 151
8장 내 사랑이 참 필요한 나 _ 173
9장 하나님이 우리를 이같이 사랑하셨은즉 _ 195

에필로그 _ 219

들어가는 글

사람이 경험할 수 있는 가장 멋진 일은 사랑받는 것이다. 자신을 보잘 것 없다고 여기며 외로워하는 마음속에 그 사랑은 찾아온다. 여기 놀라운 소식이 있다. "우리 모두는 지금껏 사랑받아왔으며 지금도 사랑받고 있다."

우리 모두는 예외없이 그 사랑을 받고 있다. 그것은 거룩한 사랑이며, 당신과 나를 향한 개인적이고 친밀한 사랑이다. 그리고 그 사랑은 우주의 중심에 계신 이로부터 온다. 우주의 중심에는 우리를 알고 있는 이가 계신다. 우리는 선택받았다! 그리고 사랑받고 있다! 우리는 영혼의 가장 깊은 곳에서 그 사랑을 체험할 수 있으며, 그 사랑에

힘입어 어떤 상황에서도 좌절하지 않고, 회복될 수 있으며, 온전한 변화를 이룰 수 있다.

제임스 브라이언 스미스는 '놀라운 하나님의 사랑'에 대해 열정적으로 이야기하고 있다. 그는 다양한 방식으로 우리에게 속삭인다. "당신은 사랑받고 있다" "당신은 받아들여졌다" "당신은 자비로우신 하나님의 용서와 인애하신 보살핌 아래 있다."

이 책의 구조는 믿을 수 없을 정도로 단순하다. 하나님의 광대한 사랑 안에서 우리를 용납하시는 하나님을 받아들일 때, 자기 자신과 다른 사람을 용납할 수 있다는 것이다. 하나님의 용서를 기쁘게 받아들일 때, 우리는 자기 자신과 다른 사람을 용서할 수 있게 된다. 돌보시는 하나님의 은혜 아래 있을 때, 자기 자신이나 다른 사람을 돌아볼 수 있게 된다.

이렇듯 구조가 간단 명료하다고 해서 이 책에 담긴 진리까지도 아주 단순하리라고 생각하지 말기 바란다. 사랑으로 가득 찬 하나님의 마음만큼 우리를 감동시키는 것은 없다.

어느날 기자들이 위대한 신학자 칼 바르트^{Karl Barth}에게 "지금까지의 경험으로 미루어볼 때 세상에서 가장 심오한 진리는 무엇인가"라고 물었을 때, 그는 이렇게 대답했다. "예수 사랑하심은 거룩하신 말일세. 날 사랑하심 성경에 써 있네."

그것은 사실이다. 하나님이 나를 사랑하심을 안다면, 정말 안다면 모든 것에 변화가 일어난다. 나는 더이상 의미 없는 우주 공간을 떠도는 티끌 같은 존재가 아니다. 하나님의 사랑과 돌보심 그리고 우정으로 충만한 우주에서 살아가는 무한한 가치를 지닌 존재가 된다.

이 사실을 믿기가 매우 어려울 것이다. 왜냐하면 그 진리는 우리의 현실 속에 잘 드러나지 않을 뿐 아니라, 우리는 손으로 만질 수 있고 발에 차일 수 있는 것들만 현실로 여기도록 교육받았기 때문이다.

그러나 영원의 세계가 존재한다. 그 세계는 우리가 상상하지 못한 것들로 채워져 있다. 우리가 빈 공간으로 여기는 것은 결코 빈 것이 아니며, 곳곳에 생명과 사랑, 그리고 살아 계신 하나님의 임재로 가득하다.

그분은 우리와 전적으로 다른 지성이시다. 그분은 이 현실 속에 개입하기로 자유로이 선택한 인격이시다. 그리고 너무나 친밀하게 개입한 나머지 인간 역사의 한 지점에서 아이로 태어나 한 남자로 성장하여 다른 어떤 사람도 살지 않은 인생을 살고 다른 어떤 사람도 죽지 않은 죽음을 맞이하셨다. 이 모든 것은, 우리가 그분의 사랑을 알 수 있게 하기 위해서였다. 그분이 죽음에서 일어났기 때문에, 우리는 그분의 생명에 동참함으로써 영원토록 사랑하며 사랑받을 수 있게 되었다.

분명 이것은 성경이 우리에 대해 보여주고자 하는 그림이다. 그러나 아직도 그 사실을 믿기가 어렵다. 그것은 정말 진실일까? 사랑하는 하나님, 그것이 진실입니까? 이 책은 우리가 그 해답을 찾도록 도와줄 것이다.

_리처드 포스터

프롤로그

> 우리는 사랑의 빛을 받아들이는 법을 배우기 위해
> 이땅 위 작은 공간에 보냄 받았다.
> — 윌리엄 블레이크

새벽 4시, 6개월 된 아들이 울기 시작했다. 나는 졸린 눈을 비비며 2층으로 올라가 아기를 품에 안았다. 젖병을 물려주자 아기는 이내 잠잠해졌다. 우유를 다 먹이고 나서 내 무릎에 눕혀놨더니 녀석은 만족스럽다는 듯 방긋 웃었다. 우리는 눈이 서로 마주쳤다. 그러자 나의 마음은 일순간 따뜻한 무언가로 가득해졌다.

"제이콥, 아빠는 너를 사랑한단다." 나도 모르게 말이 나왔다.

"너에게 이 마음을 얘기해주고 싶구나. 언젠가는 내가 널 얼마나 사랑하는지 이해하게 될 거야."

그때 갑자기 이런 생각이 들었다. 제이콥은 자신이 사랑받고 있음을 이미 알고 있는 건 아닐까. 말로 표현하지는 못하지만 제이콥은 느끼고 있는 것 같았다. 아니, 정말 그랬다. 사랑은 그 방 안에, 아기를 안은 품 안에, 그리고 아기를 얼르는 말 속에 차고 넘쳤다. 내 얼굴에도 사랑이 쓰여 있었다.

하나님과 우리 사이도 이와 같다고 믿는다. 하나님은 모세에게 이렇게 말씀하셨다.

아론과 그의 아들들에게 말하여 이르기를 너희는 이스라엘 자손을 위하여 이렇게 축복하여 이르되 "여호와는 네게 복을 주시고 너를 지키시기를 원하며 여호와는 그의 얼굴을 네게 비추사 은혜 베푸시기를 원하며 여호와는 그 얼굴을 네게로 향하여 드사 평강 주시기를 원하노라" 할지니라 하라 (민 6:23-26).

하나님이 당신의 백성들에게 하시는 말씀은 이렇게 요약된다. "네게 미소 지으며 너를 바라보는 내 마음을 알아주렴."

나는 하나님이 우리를 미친 듯이 사랑하신다고 믿는다. 하나님은 우리를 뜨겁게 사랑하신다. 그 사랑은 너무나 광대해서 우리가 이해하는 데는 한계가 있다. 우리에게는 그 사랑을 충분히 묘사할 단어조차 없다. 그러나 우리는 알 수 있다. 그리고 느낄 수 있다. 그분이 우리 손을 잡으실 때 그 사랑은 그분의 손 안에 있으며, 우리를 위로하시는 그분의 부드러운 음성에도 담겨 있다. 그 사랑은 그분의 얼굴에도 가득하다.

오늘날 많은 사람들이 하나님으로부터 멀어져 있다고 느낀다. 우리는 기술이 발달한 사회에 살고 있지만 영혼은 병들어 있다. 그래서 심리 치료와 상담 그룹, 타로 카드와 수정 구슬에서 도움을 구한다. 그러나 도움을 얻을 수 있으리라 여겼던 이 모든 방편들이 무익함을 곧 알게 된다. 거기서 공허함을 채울 길은 전혀 없다.

"심리치료 수단은 오랜 세월에 걸쳐 발전해왔다. 그러나 세상은 점점 더 악해지고 있다"고 미국 정신의학회의 제임스 힐먼^{James Hillman}은 말한다. 심리학을 기웃거리며, 자신의 과거를 파헤쳐보고, 행동을 관찰하는 것은 개인을 조명하는 기회가 될 수는 있으나 그것으로 고독한 영혼을 달래지는 못한다.

정신과 진료실에서 한 남자가 이야기하는 것을 우연히 들었다. "사랑의 하나님이 계시다는 사실을 확신하게 해주시오. 내가 잘 살아갈 수 있도록 말이오." 그것은 우리 모두의 부르짖음이다. "사랑의 하나님이 계시다는 사실을 확신하게 해주시오." 내놓고 말하지는 않더라도 그것은 우리가 가장 바라는 바다.

가장 믿기 어려운 기독교 교리 가운데 하나는 인간의 놀라운 가치에 대한 것이다. 많은 사람들은 하나님의 사랑을 받아들이는 것과 그분이 우리를 향해 미소 지으신다는 사실을 믿기 힘들어한다. 윌리엄 블레이크^{William Blake}는 하나님의 사랑의 빛을 받아들이기가 쉽지 않다고 말했다. 우리는 그 빛을 받아들이는 법을 배워야 한다.

우리는 사랑받고 있다는 사실을 알고 느껴야 한다. 보다 정확히 말해, 있는 모습 그대로 받아들여진다는 사실, 지금까지의 모든 죄가 용서받았다는 사실, 또한 은혜롭고 사랑 많으신 하나님이 우리를 돌보신다는 사실을 경험해야 한다.

하나님의 사랑을 알고 느끼고 경험할 때, 우리는 자기 자신을 사랑하지 않을 수 없게 된다. 이러한 자기애는 우리의 문화 속에 만연해 있는 값싼 나르시시즘과 전혀 다르다. 하나님의 사랑은 우리가 무엇을 행하는가가 아닌, 우리가 누구인가에 근거를 둔 진실하고 흔들림 없는 사랑이기 때문이다.

우리 마음속에 스며든 사랑은 자연스럽게 주변 사람들에게까지 흘러가게 된다. 서로를 사랑하는 것은 보다 덜 힘들고도 자연스러운 일이 될 것이다. 자신이 있는 그대로 받아들여지고 있음을 알 때, 우리는 타인을 있는 그대로 용납할 수 있게 된다. 자신의 모든 잘못이 용서받았음을 깨달을 때, 우리는 다른 사람의 잘못 또한 용서할 수 있는 힘을 얻는다. 하나님이 우리를 가치 있게 여기고 돌보신다는 것을 알 때, 우리는 또한 다른 사람을 가치 있게 여기고 돌아볼 수 있는 마음을 얻게 된다.

율법 전체를 요약해달라는 청을 받은 예수님은 신명기의 대계명 "하나님을 사랑하라"(신 6:4)는 말씀과 그보다 약해보이는 레위기의 율법 "이웃을 사랑하라"(레 19:8)는 말씀을 짝지어 언급하셨다. "대답하여 이르되 네 마음을 다하며 목숨을 다하며 힘을 다하며 뜻을 다하여 주 너의 하나님을 사랑하고 또한 네 이웃을 네 자신 같이 사랑하라 하였나이다"(눅 10:27).

예수님은 왜 그 두 가지 율법을 한데 묶으셨을까? 그것이 본질적으로 하나의 율법임을 아셨기 때문이다. 사랑의 참된 근원은 하나밖에 없는데, 그것은 바로 하나님이다. 요한은 이렇게 말했다. "우리가 사랑함은 그(하나님)가 먼저 우리를 사랑하셨음이라"(요일 4:19).

우리를 향한 하나님의 놀라운 사랑 앞에서 우리는 그에 반응하여 사랑할 수밖에 없다.

우리가 그 사랑을 알고 느낄 때, 그 사랑은 자신을 바라보는 우리의 태도, 그리고 더 나아가 다른 사람을 향한 태도까지 변화시킨다. 우리를 향한 하나님의 사랑을 통해 우리는 자기 자신을 올바로 사랑하게 되며, 궁극적으로는 이웃에게 그 사랑을 확장시키게 된다.

예수님뿐 아니라 바울 역시 그리스도인의 삶 전체를 이렇게 요약했다. "그리스도 예수 안에서는 할례나 무할례나 효력이 없으되 사랑으로써 역사하는 믿음뿐이니라"(갈 5:6).

몇 년 전, 나는 내 전부를 다해 하나님을 사랑하지 않고, 이웃을 사랑하지 않으며, 심지어 나 자신도 그렇게 사랑하지 않는다는 사실을 깨달았다. 그래서 하나님께 나를 도와주시라고 간구했고, 그때부터 사랑의 여정을 시작하게 되었다. 하나님이 만나게 해주신 많은 사람들과 책, 행사들 속에서 이르게 된 결론은 같았다. "너는 사랑받고 있단다."

이 책은 그 여정의 결과다. 이 책을 통해 당신이 하나님의 목소리를 듣게 되길 바란다. "나는 너를 사랑한단다. 나는 너를 사랑한단다. 나는 너를 사랑한단다."

우리를 향한 하나님의 사랑을 무조건 신뢰하는 가운데 살아가는 방법을 배우는 것이 그 과정이다. 나는 매일매일 헌신적인 하나님의 사랑의 깊이를 더 많이 배워간다. 삶은 여행일 뿐 목적지가 아니다. 우리는 어디에도 안착할 수 없다. 길에서 만나는 안내 표지판은 약속들이다. 그 약속들은 확고하고 굳건하며 안전하다. 견고하고 변함없으며 영원토록 단단히 고정되어 있다. 그것을 믿지 않는다고 해도 달라지는 것은 없다. 하나님은 우리의 영혼에 그 약속들을 속삭이신다. "나는 너를 사랑한단다. 네가 무엇을 하든지 나는 항상 너와 함께 있단다. 너는 나에게 너무나 소중해. 너를 절대로 떠나지 않을 거야."

이 약속들은 기독교 신앙의 토대가 되는 신념이라고 믿는다. 그러한 약속들은 이 책 곳곳에서 울림을 주고 있는 사도 바울, 성 어거스틴, 마틴 루터, 에블린 언더힐, 클레르보의 버나드, 노르위치의 줄리안, 존 웨슬리, 토마스 머튼과 같은 사람들을 사로잡았던 진리다.

또한 그것은 영국의 작가 G. K. 체스터튼이 기독교 신앙에 대해 다음과 같이 한 말과도 일맥 상통한다. "그것은 내가 만들지 않았다. 하나님과 인류가 그것을 만들었다. 그리고 그것은 나를 만들었다."

이 책은 나처럼 그러한 고백을 하고 싶은 사람, 하나님이 우리의 삶에서 고통을 가져가고, 우리를 완전케 하시기를 갈망하는 사람들을 위한 책이다. 간단히 말해, 이 책은 놀라운 하나님의 사랑에 안기고 싶은 사람 모두를 위한 책이다. 이 글을 읽는 당신을 위해 나도 바울이 에베소 교인들을 위해 드렸던 동일한 기도를 드리고 싶다.

> 능히 모든 성도와 함께 지식에 넘치는 그리스도의 사랑을 알고 그 너비와 길이와 높이와 깊이가 어떠함을 깨달아 하나님의 모든 충만하신 것으로 너희에게 충만하게 하시기를 구하노라(엡 3:18-19).

PART I

하나님의
용납을
배우기

Knowing

God's

Acceptance

1장_ 얻을 수 없는, 그래서 잃을 수 없는

> 우리를 사랑하심으로써,
> 하나님께서는 우리를 사랑스럽게 만드신다.
> — 성 어거스틴

그리스도인이 되고 오랜 시간이 지난 어느날 아침, 나는 내가 하나님을 피하고 있음을 깨달았다.

나는 하나님이 원하시는 사람이 되기 위해 오랫동안 열심히 노력했다. 그러나 그런 사람이 되는 데에는 계속 실패했다. 하나님이 나를 부끄러워하신다는 사실, 나의 연약함과 비겁함, 그리고 교만을 부끄러워하신다는 사실이 분명해보였다. 나 또한 스스로를 부끄러워하고 있다는 사실을 잘 알고 있었다.

나는 거울 앞에 겨우 설 수 있었다. 그 앞에 비친 사람은 흠이 많고 불완전하며 하나님과 자신의 기대에 못 미치는 인물이었다. 나는 심판을 받아 마땅한 사람이라는 생각이 들었다. 그래서 홀로 기도하는 시간을 제쳐둔 채 선행을 통해 실패의 감정을 극복해보려고 바쁘게 지내왔었다.

그러나 그날 나는 하나님을 다시 대면하기로 결심했다. 무릎을 꿇고 내 모든 죄와 연약함을 고백하며 하나님께 내 허물을 도말해달라고 기도했다. 그리고 더 나아질 수 있다고, 더 열심히 하겠다고 말하면서 너무나 많이 무너져 죄송하다고 고백했다.

물론 전에도 이렇게 했다. 그런데 철저히 진심어린 마음으로 고백하는 그 순간에도 하나님으로부터 멀리 떨어져 있다는 느낌이 들었다. 침묵은 오히려 견딜 수가 없었다. 완전히 홀로 버려진 것 같았다. 불안감에 나는 하나님께 계속 줄줄 이야기를 이어갔다. "죄송합니다. 하나님, 저를 용서해주세요. 저는 더 잘할 수 있습니다."

그때 갑자기 성령님이 내 안에서 말씀하셨다. "잠잠하거라, 제임스. 그리고 눈을 감아라."

눈을 감았을 때, 푸른 잔디 위로 잔잔한 바람이 부는 넓은 언덕이 나타났다. 예수님이 저만치 보였고 나를 향해 걸어오고 계셨다. 나는 다급해져서 애원하듯 간구했다. "죄송합니다. 저를 용서해주세요. 더 잘할게요."

예수님은 아무 말씀도 않으셨다. 그저 나의 눈을 바라보며 가까이 다가오셨다. 그리고 가만히 나를 안으셨다. 5분 남짓한 시간 동안 나는 그분의 품 안에 있었다. 그분은 아무 말씀도 하지 않으셨지만, 따스함과 포근함이 느껴졌다. 그분의 사랑 그리고 용납의 감정이 외롭고 쉴 곳 없던 내 마음속으로 흘러들어왔다.

진노한 하나님 앞에 선 죄인

그리스도인이 되고 나서 8년이 지난 후에야 맛본 경험이었다. 비록 그때 하나님과의 삶이 시작된 것은 아니지만 그 경험으로 인해 인생이 변화되기 시작했다. 이전에는 하나님이 실망하실까봐 두려워했었는데, 예기치 않게 그분의 사랑을 만난 것이다. 하나님이 나를 있는 모습 그대로 받아주셨다는 사실, 즉 용납하셨다는 것을 온전히 맛보기 위한 몸부림이 끝났다고 할 수는 없지만, 서서히 소외감에서 벗어나 하나님과의 연합을 느끼기 시작했다.

소외감은 어디서부터 온 것일까? 그것은 하룻밤 사이에 벌어진 일이 아니다. 수년 동안 우리의 죄와 잘못에 대한 비판과 비난의 메시지에 노출된 결과다. 기독교 신앙의 핵심에는 우리를 찾아오신 하나님의 사랑의 메시지가 있다는 말을 아무도 충분히 해주지 않았다. 복음에 대한 이런저런 이야기는 많이 들었지만, 그 무엇도 내 가슴을 채운 적은 없었다. 그 공백에 하나님에 대한 그릇된 이미지를 모아 나만의 신학을 만들었던 것이다.

그 결과, 초신자 시절에는 하나님이 나를 좋아하시지 않는다고 생각하며 살았다. 하나님은 내가 더 나아질 것이라는 기대 때문에 당장은 그냥 참아주신다고 생각했다. 그래서 언제부턴가 나는 정신을 차리고 죄를 끊어 예수님처럼 살려고 애쓰기 시작했다. 그리고 나니 하나님이 인정해주시는 듯했다.

나는 거의 매일 아침 일찍 일어나 5시에서 7시 사이에 기도하고 성경을 읽었다. 일주일에 한 번은 금식하고, 어려운 사람을 돕고, 모든 과목에서 A를 유지했다. 이러다가 수도사가 될 수도 있겠다는 생각까지 했다. 내가 이 세상의 즐거움을 포기할 때 하나님이 좀더 기뻐하시리라 여겼기 때문이다.

나도 모르는 사이 조금씩, 하나님에 대한 건강하지 못한 개념이 발전하고 있었다. 그 결과, 그리스도인으로 살아가는 것이 끔찍한 고역이 되고 말았다. 겉으로는 명랑하고 쾌활해보였지만, 거룩함으로 치장한 겉모습 아래에는 은밀히 자기 자신과 하나님을 미워하며 비통함과 불행에 빠진 한 사람이 숨어 있었던 것이다.

우리 형상대로 만들어낸 하나님

많은 사람들이 하나님이 우리를 바라보며 미소지으신다는 사실을 받아들이기 힘들어한다. 대부분의 사람들처럼 나도 몇 년 동안 하나님을 심판자로 여겼다. 내가 섬기는 하나님은 화를 자주 내시며 아주 작은 불순종에도 즉각 벌을 내리는 분이었다. 언제부터 이런 하나님을 믿었는지는 알 수 없다. 아무 잘못 없이 살았다면 얼마간은 안전했을 것이다. 그러나 대부분 그렇게 살지 못했다.

가장 큰 문제는 내가 하나님을 나 같은 사람으로 생각하는 것이었다. 나의 형상대로 하나님을 만든 것이다. 내가 만들어낸 하나님은 나처럼 사랑할 수 있는 신이었다. 하지만 그것은 조건적인 사랑이다. 그 하나님은 냉정하고, 거리를 두고 있으며, 엄격한 심판과 호된 벌을 내리셨다. 나의 종교적인 허상 속에서 탄생한 하나님은 결국 진정한 하나님, 아브라함의 하나님, 예수님의 아버지의 자리를 빼앗았다.

그런데 그날밤 놀라운 변화가 일어났던 것이다. 내가 창조한 그 잘못된 우상이 하나님의 불 같은 사랑의 열기에 서서히 녹아 사라지기 시작했다.

그리스도인 작가 피터 밴 브리먼$^{Peter\ Van\ Breeman}$은 이렇게 말한다. "사랑을 도로 거둬가시는 분으로 하나님을 생각한다면, 그것은 하나님의 모습이 아닌 우리 자신의 모습이다. 하나님은 완전한 분이며, 완전한 연합을 이루시는 분이다. 우리는 사랑을 하지만, 하나님은 사랑이시다. 그분의 사랑은 특정 행동에만 관련된 게 아니라 그분 자체가 사랑이시다."

하나님은 그냥 사랑하시는 게 아니다. 하나님은 사랑이시다(요일 4:16). 나는 사랑을 할 수도 있고 하지 않을 수도 있다. 하나님은 그렇지 않으시다. 하나님은 사랑을 멈추실 수가 없다. 사랑은 하나님의 본성이기 때문이다. 사랑하는 것은 나의 본성이 아니다. 나는 사랑하는 법을 배워야 한다. 오직 하나님의 은혜로만 나는 그분이 사랑하시듯 사랑할 수 있다.

먼저, 그리고 변함없이 매순간 사랑하시는 하나님

요한일서 4장 10절을 읽고 하나님에 대한 생각이 바뀌었다. "사랑은 여기 있으니 우리가 하나님을 사랑한 것이 아니요 하나님이 우리를 사랑하사 우리 죄를 속하기 위하여 화목제물로 그 아들을 보내셨음이라." 이 구절을 묵상하며, 내가 하나님 사랑에 대한 반응으로 그 분을 사랑하기 훨씬 전부터, 하나님이 '먼저' 나를 사랑하셨음을 깨달았다. 하나님으로부터 멀리 떨어져 있던 때에도 하나님은 '먼저' 나를 사랑하셨다. 하나님을 신뢰하지 않고 그분께 화를 내던 때에도 그분은 '먼저' 나를 사랑하셨다. 내가 그릇된 하나님을 섬길 때에도 그분은 '먼저' 나를 사랑하셨다. 이러한 깨달음은 하나님에 대한 나의 태도를 완전히 뒤바꿔버렸다. 이때, 나는 처음으로 하나님이 나를 용납하셨음을 이해하기 시작했다.

어느날 키에르케고르가 쓴 기도문을 우연히 발견했다. 그 글은 하나님의 진정한 모습과 사랑을 분명하게 밝혀주었다.

오, 하나님, 당신은 우리를 먼저 사랑하셨습니다! 우리는 그것을 역사적 관점에서 생각하여, 하나님이 우리를 먼저 사랑하신 것은 과거의 한 시점부터라고 여깁니다. 하지만 하나님은 우리를 먼저 사랑하시되, 한 순간도 쉼 없이 우리 사는 날 동안 매순간 먼저 사랑하십니다. 아침에 일어나 우리 영혼이 하나님께 나아갈 때, 당신은 그곳에 먼저 와 계셔서 우리를 먼저 사랑하십니다. 새벽에 일어나자마자 내 영혼이 기도로 하나님께 나아갈 때, 당신은 나보다 앞서 그곳에 계셔서 나를 먼저 사랑하십니다. 복잡한 일상으로부터 물러나와 내 영혼이 하나님께 나아갈 때, 당신은 먼저 그곳에 계시며 또한 영원히 계십니다. 우리는 배은망덕하게도 하나님이 단지 과거의 한 시점부터 우리를 먼저 사랑해오신 것뿐이라고 말합니다.

나도 하나님의 사랑을 역사적인 것으로, 한 번 있었던 일로 생각했는데, 키에르케고르의 기도는 하나님의 사랑은 지속적이고 항상 현재형이며 변함없다는 사실을 가르친다. 날마다 매순간 하나님은 나와 함께 계시며 먼저 나를 사랑하신다.

하나님의 용납에 대해 이해하게 된 첫 번째 단계는 지식적인 차원에서 이루어졌다. 성경을 읽고 묵상하면서 하나님의 사랑의 본질을 마음에 새겼지만, 이 진리가 내 마음 깊이 자리잡기까지는 많은 시간이 걸릴 것이다. 삶의 여정 가운데 매순간 나는 이 근본적인 하나님의 약속과 만나고, 그 약속 하나하나를 생각에 심어두며, 감정 속에 흐르도록 하고 있다. 하나님의 사랑은 서서히 내 현실 속에 자리잡고 있다.

사랑의 징표로 둘러싸인 세상

나는 성경에 나오는 약속뿐만 아니라 이 세상도 하나님의 사랑과 용납을 보여주는 징표들로 가득 차 있음을 깨달았다. 주변의 모든 것에 우리를 기쁨으로 충만케 하시려는 하나님의 암시와 증거들이 있다. 이런 징표들은 하나님의 사랑이 우리의 이해력을 뛰어넘는다는 사실을 보여준다. 이런 징표들을 가까이 대하며 그 아름다움을 묵상하다가 우리는 이렇게 소리치게 된다. "당신은 정말로 나를 사랑하시는군요! 그렇죠, 하나님?"

첫 번째 징표는 피조세계 그 자체다. 우리는 너무나 광대해서 우리의 이해력을 넘어서는 세상에 살고 있다. 에블린 언더힐^{Evelyn Underhill}은 우리 주변의 창조 세계를 보면서 이렇게 말했다. "우리는 영원한 예술가의, 영원한 사랑의 작품을 보고 있다."

오랫동안 나에게는 피조물의 영광을 볼 줄 아는 눈이 없었다. 과학적인 시각으로 세상을 보도록 훈련받았던 것이다. 그런 나에게 자연은 위엄 있는 것이 아니라 진화라는 패턴 속에서 끊임없이 돌고 도는 물질과 입자 덩어리였다.

그러나 체스터튼의 한 문장을 읽고 나를 둘러싼 세상을 바라보는 눈이 달라졌다. 그는 자연을 필연적인 체계라고 보지 않았다. 그렇다. 태양은 내일도 뜰 테지만 반드시 그래야만 하는 것은 아니다. 아마 날마다 하나님이 태양에게 말씀하실 것이다. "태양아, 떠올라라!" 풀은 보통 푸른색이지만 반드시 그래야만 하는 것은 아니다. 하나님이 원하시면 자주색이 될 수도 있다.

자연에 '법칙'은 없다. 하나님이 원하는 대로 하실 수 있다. 개구리는 뛰어오르고 새는 날아다니며 물은 위에서 아래로 흐르지만 그것은 '법칙' 때문이 아니라 하나님이 그렇게 원하시기 때문이다. 체스터튼은 이렇게 말한다. "자연은 필연적이지 않다. 경험상 이해할 수 있는 때에라도 항상 그렇게 되어야 한다고 말할 권리는 없다."

이 글을 읽고 뒷마당을 걷다가 풀과 나무, 새들을 보았던 기억이 난다. 그때 나는 이렇게 말했다. "와!" 몇 분 동안 나는 그 말밖에 할 수 없었다. 공기, 아침 햇살, 바람에 흔들리는 나뭇잎이 온통 마법처럼 보였다. 그런 풍경을 내 삶의 드라마에 나오는 생명력 없는 소품으로 보는 대신 하나님에게서 나온 놀라운 선물로 보게 된 것이다.

"저 풀을 봐, 온통 초록색이야!" 나는 놀란 바보처럼 말했다. 정말 난생 처음으로 풀을 본 것 같았다. 풀은 창조자를 찬미하고 있었다. 풀은 하나님의 명령에 따라 푸르고 부드러웠다. 갑자기 나는 강아지처럼 풀 위를 뛰어다녔다. 팔과 다리를 허공에 휘저으며, 이웃이 보든 말든 상관 않고 소리내어 웃었다.

창조의 신비로 마음에 기쁨이 가득 차 올랐다. 나는 사랑받고 있다는 것을 깨달았다. 14세기의 신비주의자 노르위치의 줄리안Julian of Norwich이 쓴 글이 무엇을 의미하는지 비로소 이해하게 되었다. "모든 것은 사랑으로 둘러싸여 있으며, 기계적인 필연성이 아닌 열정적인 갈망으로 만들어졌다."

사랑 이야기

브레넌 매닝Brennan Manning은 이렇게 말한다. "기독교는 본질상 사랑에 관한 철학이 아닌 사랑 이야기다." 우리를 향한 하나님의 사랑은 어려운 이론이나 교과서적인 공식이 아니다. 그것은 살아 있고 열정적이며 지독한 사랑이다. 기독교는 사랑 이야기다. 성경은 영원히 당신의 백성에게 손을 내미시는 하나님의 연애 편지다.

우리는 하나님의 행동을 규정함으로써 그분을 제한하려 한다. 나 역시 하나님을 은혜에 대한 교리와 구원에 대한 이론으로 제한하려 했다. 결국 나의 신학은 실패하고 말았다. 테니슨Alfred Tennyson은 이렇게 말했다. "우리의 보잘것없는 신학 체계들은 한때뿐입니다. 그 시기가 다하면 끝을 맞습니다. 그것들은 주님을 나타내는 빛의 파편일 뿐이지요. 그러나 오, 주님, 당신은 그 모든 것을 초월하십니다."

보잘것없는 나의 신앙 체계와 개인적인 신학은 하나님의 실체를 드러내는 빛의 '파편'에 불과하다.

철학은 하나님을 '최초로 움직이는 자'로 제한하고, 과학은 하나님의 존재를 완전히 없애려고 한다. 그러나 하나님은 우리의 그런 우둔한 생각을 허용하시면서 무대 옆에 조용히 서 계신다. 프레드릭 뷰크너Frederick Buechner는 우리의 신학 연구가 인간을 동경하여 사람이 되고자 하는 쇠똥구리의 노력과 유사하다고 한다. 우리가 하나님을 얼마나 더 많이 알게 되든지 그분은 그것을 초월한다.

하나님이 그분의 모습을 내게 드러내보이셨을 때, 내 신앙 체계는 산산조각났다. 토마스 아퀴나스처럼 나의 모든 추론이 하나님의 실체 앞에서는 지푸라기 같다는 사실을 깨달았다. 아가서에 나오는 연인처럼 나는 이렇게 반응할 뿐이다. "나를 데려가주세요"(아 1:4, 표준새번역).

하나님은 사랑을 갈구하는 연인처럼 우리에게 구애하신다. 사랑에 빠진 연인들에게서 볼 수 있는 열렬한 감정은 우리를 향한 하나님의 불타는 열망을 짐작할 수 있게 하는 희미한 그림자다. 순교자들이 고문을 받으면서도 찬양할 수 있었던 것은 구속에 대한 이론이 아닌 사랑 때문이었다. 예수님을 십자가에 오르게 한 것은 속죄에 대한 교리가 아닌 사랑이었다.

우리를 위해 사랑을 증명하시는 하나님

12세기의 교회 지도자 클레르보의 버나드$^{Bernard\ of\ Clairvaux}$는 어린 시절, 크리스마스 이브 예배에 참석하려고 교회 문 밖에서 기다리다가 깜빡 잠이 들었다. 그때 환상 같은 꿈을 꾸었는데, 인성(人性)을 받아들인 하나님의 아들이 어떻게 어머니의 자궁 속에서 어린 아기가 되었는지 매우 분명하고도 생생하게 보았다. 버나드는 그 꿈에서 어떻게 하나님의 신성한 위엄이 온유한 겸손과 연합했는지 깨달았다. 그 환상은 어린 버나드의 마음을 큰 평안과 기쁨으로 채웠고, 그는 그 생생한 기억을 평생 간직했다.

그의 마음을 기쁨으로 가득 채운 것은 무엇인가? 하나님이 우리와 함께 있기로 결정하셨다는 바로 그 사실이다. 임마누엘. 사랑 때문에 예수님은 잉태되었으며 사랑 때문에 죽음을 감행하셨다.

하나님은 신비롭게도 우리 안에서 사랑스러운 점을 발견하셨다. 그것은 우리의 거룩함도 아니요 충성도 아니다. 비열한 나의 모습을 볼 때, 한 순간의 판단으로 쉽게 죄에 노출되는 나의 놀라운 능력을 볼 때, 하나님이 내 안에서 무엇을 보시는지 의아해진다.

최근에 나는 기도 중에 하나님의 사랑이 내 마음에 가득해지는 경험을 하고 나서, 만나는 사람들마다 그 사랑을 나누고 싶다는 생각이 간절해졌다. 하지만 운전을 하며 집으로 돌아가다가 다른 차가 내 앞으로 불쑥 끼어드는 순간, 여지없이 소리를 빽 지르고 말았다. 그 분노는 과연 어디서 오는 걸까? 그것은 처음부터 내 안에 있었다. 하나님이 우리를 용납하기 위해 우리가 완전해질 때까지 기다리지 않으시니 정말 다행이다.

"우리가 아직 죄인 되었을 때에 그리스도께서 우리를 위하여 죽으심으로 하나님께서 우리에 대한 자기의 사랑을 확증하셨느니라"(롬 5:8). 하나님이 합리적인 이유 없이 우리를 사랑하신다는 점에서 그분의 사랑은 놀랍다. 그 사랑이 의심스럽게 느껴질 때마다 우리는 그리스도의 탄생과 생애, 죽음과 부활을 생각해야 한다. 이것은 우리를 향한 하나님의 완전한 용납을 보여주는 가장 명확한 징표다. 그러나 우리는 인류 역사상 가장 영광스러운 사랑의 증거인 십자가를 장식품 정도로 취급하기 일쑤다.

예수님 안에서 우리는 하나님의 음성을 듣는다. "네가 혼자 할 수 없는 일은 내가 하겠다. 우리 사이에 죄가 놓여 있는데, 네가 그것을 없애지 못하니 내가 널 위해 그것을 없애주마. 나의 피가 너의 죄를 씻을 것이며, 나는 그 죄를 더이상 기억하지 않을 것이다. 무엇도 우리 사이를 가로막을 수 없다. 나는 죽음에서 일어나 네가 생명을 얻게 하겠다. 나의 사랑은 죽음을 정복할 정도로 강하다. 죽음을 이기고 나면 너를 불러 나와 함께 살도록 하겠다. 이제 영원한 삶이 가능하단다. 그것은 나의 아들 안에 있다."

무엇도 우리를 갈라놓을 수 없다

그리스도인이 된 후 대부분의 시간 동안, 나는 내가 하나님을 위해 행한 일을 근거로 그분을 생각했다. 내가 기도를 잘 하고, 열심히 공부하며, 그분을 잘 섬기고, 죄를 적게 지었을 때에는 분명 하나님이 나를 기뻐하실 것이라 생각했다. 내게는 하나님과 나 자신과 궁극적으로 다른 사람을 사랑하는 능력을 마비시키는 일종의 두려움이 있었다. 하나님이 나의 잘못을 보시고, 그분의 사랑을 도로 가져가실까 봐 겁이 났다.

나의 약함이 하나님과 나 사이를 갈라놓을까봐 두려웠다. 이제는 그렇지 않다는 사실을 안다. 나는 나의 죄악이 예수님과 나 사이를 갈라놓을까봐 두려웠다. 이제는 하나님이 예수님 안에서 실현하신 사랑을 그 무엇도 갈라놓을 수 없다는 사실을 확신한다.

이제 나는 의를 향한 나의 시도가 하나님이 나를 어떻게 보시는가에 영향을 줄 것이라는 생각이 얼마나 어리석은 것인지 알고 있다. 나는 너무나 오랫동안 그리스도에 대한 '나의 헌신'에 감동되어 있었다. 이제는 나에 대한 그리스도의 헌신에만 감동할 뿐이다. 이전에는 예수님을 위한 나의 결단에 초점을 맞추었지만, 이제는 나에 대한 그분의 결단에 집중한다.

나 자신에게서 그리스도로, 나를 향한 그분의 사랑으로 초점을 옮김으로써 나는 모든 것을 볼 수 있게 되었다. 마틴 루터가 죄짐에 눌려 괴로워할 때, 그의 영적 지도자 요하네스 슈타우피츠 Johannes Staupitz 는 이렇게 말했다. "마틴, 자네의 죄는 이제 그만 보고 예수님을 바라보게." 루터가 예수님께 눈을 돌렸을 때 영적인 삶에 개혁이 일어나기 시작했다. 그 영향력은 상상하지도 못할 만큼 거대했다.

어떤 것도, 결코 어떤 것도 우리를 하나님의 사랑에서 갈라놓을 수 없다. 바울은 로마의 그리스도인들에게 이 점을 다음과 같이 상기시켰다. "내가 확신하노니 사망이나 생명이나 천사들이나 권세자들이나 현재 일이나 장래 일이나 능력이나 높음이나 깊음이나 다른 어떤 피조물이라도 우리를 우리 주 그리스도 예수 안에 있는 하나님의 사랑에서 끊을 수 없으리라"(롬 8:38-39). 우리를 향한 하나님의 사랑은 변할 수 없다. 왜냐하면 그것은 우리의 행위에 근거를 두지 않았기 때문이다.

시인 제라드 맨리 홉킨스Gerard Manley Hopkins는 이렇게 선포한다. "은혜는 온통 우리를 에워싸고 있다. 우리를 에워싼 공기처럼." 우리는 하나님의 사랑과 자비로부터 도망칠 수 없다. 그 사랑과 자비가 없는 곳은 없기 때문이다. 어디를 가든지 그 사랑은 우리를 두르고 감싼다. 깨닫지 못하는 순간에도 그 사랑은 우리를 에워싸고 우리 속으로 스며들어온다.

당신은 용납되었다

나 자신이 용납될 수 없는 자라고 느꼈기에, 나는 하나님의 용납을 얻어내고 싶었다. 그래서 종교적인 행위에 매달렸다. 그러다 보니 내면의 고통과 대면하지 못했다. 교회에서 오랜 시간을 보내고, 많은 사람들의 여러 문제들을 처리해주고, 헌신적인 노력을 기울이면서 나는 "잘했다"고 말씀하시는 하나님의 음성을 간절히 듣고 싶었다. 이미 하나님으로부터 용납받았음에도 불구하고 그 사실을 인정하기 꺼렸던 나의 교만의 소치였다.

그러다 조금씩 나는 하나님께 마음을 열어갔다. 처음에는 두려웠지만 그분의 부드러운 손길을 느낄 때마다 더 큰 담대함이 생겼다. 하나님이 나를 있는 모습 그대로 받아들이셨음을 느끼며 나는 은신처에서 나올 수 있었다. 처음에는 하나님으로부터 숨을 수 있다는 것을 인정하는 것조차 모순인 것 같았지만, 그럼에도 불구하고 나는 노력했다.

가장 어려웠던 과정 중의 하나는 나의 연약함과 실패를 인정하는 일이었다. 나는 그것을 덮어두고 변명하며 합리화하려 했다. 그러나 내 영혼을 하나님께 있는 모습 그대로 내려놓을 때마다 심판이 아닌 은혜를 경험했다.

나를 향한 하나님의 사랑으로 나의 자아는 근본적으로 재형성되었다. 더이상 나는 자신을 옹호하거나, 더 나아지려고 해결책을 찾거나, 애써 스스로의 죄를 보상하고 있음을 하나님께 보일 필요가 없었다. 하나님은 서서히 나를 담대하게 만드셨다.

하나님과 소원해진 느낌이 들 무렵 나는 이렇게 기도했다.

"주님, 왜 저를 사역자로 부르셨습니까? 저는 아무 자격이 없습니다. 제가 돌보는 사람들이 제 모든 죄와 허물을 안다면, 더이상 제 말을 듣지 않을 것입니다. 전 도저히 이 상황을 감당할 수 없습니다."

하나님의 목소리가 들려오는 듯했다.

"제임스, 나는 나의 복된 소식을 나누기 위해 죄인 외에 그 누구도 사용한 적이 없다. 그리고 죄인 외에 그 누구에게도 그 소식을 전파해준 적도 없다. 복음은 너에 대한 것이 아니라 나에 대한 것이란다."

하나님은 내가 이루어야 할 이상적인 모습이 아닌 지금 모습 그대로의 나를 사랑하신다. 나는 지금 내가 이상적인 모습이 아니란 것을 잘 안다. 아직도 내 안에는 뽑아내야 할 죄가 많다. 나에 대한 하나님의 사역이 아직 완성되지 않았다는 것도 안다. 그러나 나는 사랑받고 있다.

현대 작가인 도널드 맥컬로우$^{Donald\ McCullough}$는 이렇게 썼다. "우리에겐 성취한 일보다 실패한 일이 더 많을지 모른다. 부유하거나 권세가 많지 않을 수 있으며 행복하지 않을 수도 있다. 그럼에도 불구하고 하나님은 우리를 받아주셨으며, 우리는 그분의 손 안에 있다. 그것은 예수 그리스도 안에서 우리에게 주신 약속이자 우리가 영원히 신뢰할 수 있는 약속이다."

우리는 그것을 얻어낼 수 없으므로, 잃을 수도 없다

그 약속은 우리가 지금까지 행한 일이나, 앞으로 행할 일에 근거를 두지 않으므로 우리는 그 약속을 믿을 수 있다. 우리는 하나님의 용납이나 사랑을 받을 만한 자격이 없다. 그것은 선물이다. 선물은 받는 사람의 공로와는 아무런 관계가 없다. 대가를 바라고 일한 후 받는 것은 선물이 아니다. 그것은 임금일 뿐이다. 그러나 선물을 줄 때 우리는 이렇게 말한다.

"당신이 뭔가를 해줘서 주는 것도 아니고, 제가 빚을 갚으려고 주는 것도 아니에요. 단지 주고 싶어서 주는 거예요. 당신을 사랑하니까요."

몇 년 동안 나에게 하나님은 회전의자에 앉아 계신 분 같았다. 착한 일을 하면 나를 보고 미소지으시고, 나쁜 일을 하면 등을 돌리고 그 행동을 고칠 때까지 기다렸다가 그 행동을 고친 후에야 날 향해 돌아앉아 다시 받아주시는 분. 나는 하나님을 계속 앞뒤로 돌아앉는 분으로 만들었다.

나는 하나님의 용납을 자칫 잘못하면 잃어버릴 수 있는 것으로 여겼다. 이렇게 생각하는 것은 사실 논리적이지 못하다. 처음부터 하나님의 용납을 얻어낼 만한 어떤 일도 하지 않았기 때문이다.

애써서 얻지 않은 것을 어떻게 잃을 수 있는가? 하나님으로부터 멀어져 있을 때에도 하나님이 우리를 사랑하셨다면, 그분과 평화롭게 살기로 결정한 지금 어떻게 그분의 사랑을 잃을 수 있겠는가?

성령 : 우리 마음에 부은 바 된 사랑

하나님의 사랑과 용납은 지속적이며 결코 변하지 않는다. 그렇다면 우리는 어떻게 그 사랑을 알게 되는가? 성령은 우리에게 그 사랑을 알려주는 중개인이다. 바울은 말한다. "우리에게 주신 성령으로 말미암아 하나님의 사랑이 우리 마음에 부은 바 됨이니"(롬 5:5). 하나님의 성령은 우리 안에 오셔서 그분의 사랑을 부어주신다. 살과 피, 논리와 이성으로는 도무지 하나님의 사랑을 드러낼 수 없다. 우리의 머리로는 그 사랑을 이해할 수 없다. 누군가 그 본질을 밝혀주어야 한다.

프랑스의 수사 아베 드 투르빌$^{Abbé\ de\ Tourville}$은 "성령이 가득 넘쳐 흐르는 곳에는 하나님의 사랑이 가득 넘쳐 흐른다"고 말했다. 성령은 예수님 안에 드러났던 하나님 사랑의 현현이다. 성부와 성자의 사랑은 성령을 통해 우리와 교통한다. 우리는 하나님의 성령이 거하시는 성전이다(고전 3:16, 6:19). 하나님은 사랑이시다. 사랑 그 자체가 우리 안에 거한다. 사랑할 때 우리가 하나님에게서 난 줄을 알게 된다고 요한이 말했던 것도 이런 이유 때문이다(요일 3:14).

우리 안에 거하시는 성령님의 음성을 듣고 우리는 사랑받고 있음을 깨닫는다. 귀를 기울이는 우리에게 어김없이 들려오는 사랑의 말씀. 그 말씀은 이와 같으리라.

태초부터 내가 너를 지명하여 불렀으니 너는 내 것이고, 나는 네 것이란다. 너는 내 사랑하는 자, 나의 은총이 네 위에 머물러 있단다. 내가 땅의 깊은 곳에서 너를 지었으며 너의 모태에서 너를 조직했단다. 내가 너를 내 손바닥에 새기고 내 품 속 그늘 아래 너를 숨겨두었단다. 내가 네게 건네준 믿음이라는 선물을 받아들인 너를 몹시 자랑스러워한다는 것을 알고 있니? 내가 너를 선택한 뒤, 자유 가운데 네가 나를 친구이자 주님으로 선택한 사실을 자랑스러워한다는 것을 알고 있니? 네가 아직 포기하지 못한 모든 결점과 흠까지도 자랑스러워한다는 것을 알고 있니? 나는 네가 완벽하기를 바라지 않는다. 나는 너를 사랑한단다. 나는 너를 사랑한단다. 그 무엇도 그 사실을 바꾸지 못할 거야.

가까이 가기 위해 기도하라

그 사랑을 알기 위해 우리는 어떻게 해야 하는가? 하나님께 간구해야 한다. 그분의 사랑을 알고 느낄 수 있도록 기도해야 한다. 부드러운 그분의 음성을 듣기까지 하나님께 간청해야 한다. 하나님은 응답을 지체하지 않으실 것이다. 그러나 은혜가 많으신 하나님은 강요하지 않으신다. 하나님은 우리가 마음을 다해 그분을 구하면 찾게 될 것이라고 약속하셨다. "너희가 온 마음으로 나를 구하면 나를 찾을 것이요 나를 만나리라"(렘 29:13).

프레드릭 뷰크너는 이렇게 말한다. "하나님의 사랑에 담긴 능력을 한 번도 깨닫지 못했다면, 그것은 당신이 진심으로 응답을 바라면서 구하지 않았기 때문이다."

당신은 구할 준비가 되었는가? 하나님은 주실 준비가 되셨다. 그분의 자녀들을 사랑으로 채우고, "아바, 아버지!"(롬 8:14, 갈 4:6)라고 외치는 자녀들의 음성을 듣는 일보다 하나님을 더 기쁘시게 하는 일은 없다.

노르위치의 줄리안은 이런 글을 썼다. "전능하신 하나님께 돌릴 수 있는 최대의 영광은 그분의 사랑을 아는 지식으로 말미암아 기쁘게 사는 것이다."

하나님께 머리가 아닌 가슴에 그 사랑을 채워주시기를 구하라. 18세기 이탈리아의 성인 알퐁소 리구오리(Alphonsus Liguori)의 기도를 드리며, 그 기도가 우리의 고백이 되게 하자. "사랑하는 주님, 당신의 거룩한 사랑에 온전히 사로잡히게 하소서."

함께 생각해볼 문제

1. "나는 거의 매일 아침 일찍 일어나 5시에서 7시 사이에 기도하고 성경을 읽었다. 일주일에 한 번은 금식하고, 어려운 사람을 돕고, 모든 과목에서 A를 유지했다. 이러다가 수도사가 될 수도 있겠다는 생각까지 했다. 내가 이 세상의 즐거움을 포기할 때 하나님이 좀 더 기뻐하시리라 여겼기 때문이다."
— 혹시 내가 교회에서 열심히 봉사하고 착한 삶을 살려고 노력하는 것은 하나님의 사랑을 얻어내기 위한 행위들은 아닌지 생각해보십시오.

2. "하나님은 사랑을 멈추실 수가 없다. 사랑은 하나님의 본성이기 때문이다."
— 이 구절에서 드러나는 하나님은 그동안 당신이 알고 있던 하나님과 어떻게 다릅니까?

3. '선물'과 '보상'의 의미에 대해 각각 생각해보십시오. 당신이 지금껏 생각해왔던 하나님의 사랑은 이 둘 가운데 어느 쪽에 가까웠습니까?

2장_ 완벽해질 수만 있다면

> 하나님 앞에 서 있는 나,
> 그것이 바로 진정한 나다.
> — 아시시의 성 프란시스

처음 샌디를 만났을 때, 그녀는 해변에서나 입음직한 옷을 입고 있었다. 그녀는 스케이트보드를 가지고 다녔고, 머리카락은 바람에 날린 듯 헝클어져 보였다. 대학에 처음 들어와 샌디는 그리스도인이 되었으며 그 학교의 담당 목회자를 만나고 싶어했다.

"음, 예수님은 '완존' 두려운 분 같아요!"라고 샌디가 말했다. 나는 그런 단어를 즐겨 쓰지 않지만, 알아들을 수는 있었다. 그녀는 의자 위로 뛰어오르더니 제멋대로 웃었다. 그녀가 사무실에서 나갔을 때에는 폭풍이 금방 지나간 듯했다.

샌디는 계속해서 찾아왔으며 곧 주간 친목 모임의 일원이 되었다.

성격이 때론 지나치게 앞서 갈 때도 있었지만, 그녀는 만화에 나오는 캐릭터만큼이나 재미있어서 사람들이 좋아할 만했다. 독특한 행동으로 우리를 웃기기도 했고, 긍정적인 태도로 격려해주기도 했다.

우정이 깊어짐에 따라 샌디는 조금씩 자신의 진짜 모습과 과거, 그리고 걱정거리 등을 털어놓았다. 어느날 토론하던중, 나는 문득 그녀의 변화를 감지했다. 너무나 미묘한 변화여서 거의 놓칠 뻔했다. 말하는 중간 중간 샌디의 음성은 유쾌하고 흥분된 듯한 톤에서 보다 자연스러운 목소리로 바뀌어 있었다. 말투도 변했다. 그녀는 이제 속어가 아닌 일상적인 어휘를 사용하고 있었다. 그 방에 새로운 사람이 들어온 듯했다.

며칠 후, 다시 샌디를 만났다. "샌디, 뭐 하나 물어봐도 되니?" 내가 물었다.

"'당근' 이죠. 말씀하세요." 그녀가 대답했다.

"며칠 전 모임에서 잠시 동안이지만 넌 다른 사람 같았어. 이런 걸 물어봐도 실례가 아닐지 모르겠다만, 치어리더 같은 성격이 진짜 네 모습이니 아니면 네가 그냥 만들어낸 이미지니?"

그녀의 얼굴에서 미소가 사라졌다. "제가 만들어낸 성격이에요." 샌디는 나지막이 말했다. "그래야만 했어요. 제 안에 있는 자아가 싫었고 사람들이 저를 거절할까봐 두려웠거든요."

그녀는 자신이 친척들에게 학대를 당하고 이곳 저곳으로 버림 받았던 이야기를 털어놓았다. 입에 담기에는 너무나 추악하고 음흉한 언어로 그들은 샌디가 너무 못생겼고 사랑받을 구석이라고는 전혀 없다고 반복해서 말했던 것이다.

그녀는 성격을 만들어냈다. 그것은 하나의 방어 기제였는데, 그녀는 사람들이 자신을 거절할 경우 거절당한 것은 자신이 아닌 자신의 성격이라고 생각했다. "사람들이 진짜 제 모습을 본다면 저를 거부할 거예요. 그러면 더 이상 갈 데가 없어요."

문제의 근원

우리도 날마다 어느 정도는 샌디와 같이 행동한다. 받아들여질까, 거절당할까 불안해 하며 가면을 쓰고 다른 사람들이 좋아할 만한 행동을 한다. 문제의 근원은 우리 모두가 거부당하는 것을 두려워한다는 데 있다.

베스트셀러 작가 존 파월John Powell은 이렇게 말했다. "사기꾼이나 거짓말쟁이가 되고 싶어하는 사람은 없다. 누구도 가짜나 위선자가 되고 싶어하지 않는다. 그러나 우리가 경험하는 두려움과 정직한 자기 이해가 가져올 위험스런 결과가 너무나 버거워 이제는 자신이 떠맡은 역할과 가면과 가상 현실 등에서 안식처를 찾는 것이 거의 자연스런 반응이 되어버렸다."

우리는 때때로 경멸조의 말을 듣는다. 선생, 부모, 친구, 그리고 우리 삶에서 중요한 여러 사람들로부터 놀림을 받거나 "너는 해봤자 별 수 없어"라는 식의 말을 듣곤 한다. 이런 메시지를 들으며 우리는 자기 자신을 보호할 방법을 찾는다. 샌디는 성격에서 보호막을 찾아냈다. 그후로 3년 동안 나는 그녀가 꾸며냈던 성격이 사라지고 샌디의 참모습이 나타나는 과정을 지켜볼 수 있었다.

어떻게 그녀는 그렇게 성장할 수 있었는가? 그녀는 하나님의 관점을 통해 진정한 자아를 발견했다. 캠퍼스 모임에서는 매주 자기 자신을 하나님의 눈으로 보는 것이 얼마나 중요한지 토론했다. 어느날 저녁, 자아에 대한 생각을 나누던 중에 우리는 중요한 사실 하나를 깨달았다. 바로 우리가 행하는 것(이것은 늘상 변하기 마련이다)이 우리의 본질이 아니라, 하나님이 우리에 대해 말씀하시는 것이 우리의 본질이라는 것이다.

샌디는 그런 진리 속에서 안정감을 찾기 시작했다. 자신의 과거나 행동 그리고 상처는 더이상 자신의 정체성을 결정하지 않는다는 사실이 점점 분명하게 다가왔다. 그 대신 그녀는 자신의 정체성을 하나님의 자녀요, 무조건적으로 사랑받고 용납되는 사람으로 이해하기 시작했고, 그러한 정체성에 따라 행동하기 시작했다.

그녀는 모임의 다른 사람들 앞에서 자신의 힘들었던 과거에 대해 나누기 시작했다. 멸시가 아닌 용납을 얻게 된 그녀를 보면서 나머지 사람들도 스스로를 편하게 드러내었으며, 또한 다른 이들에게 용납 받는 축복을 누렸다. 서로를 용납하는 공동체 속에서 샌디는 건강한 자아를 형성할 수 있었다.

스스로를 좋게 생각하려고 노력하거나, 다른 사람들에게 자기가 가치 있음을 보여주려고 애쓰는 것은 해결책이 아니다. 샌디가 갖고 있는 문제의 해결책은 하나님이 있는 그대로의 그녀를 받아들이셨음을 발견하는 것이었다. 그녀가 해야 할 일은 하나님이 그러하셨듯 자신의 진정한 자아를 용납하는 것뿐이었다. 수많은 방법 중에서 이것은 단연 가장 어려운 과정이다.

피터 밴 브리먼은 이렇게 말한다. "하나님의 사랑을 일반적인 개념에서 믿는 일은 굉장히 쉽다. 그러나 하나님의 사랑을 개인적으로, 그리고 인격적으로 믿는 일은 매우 어렵다."

하나님의 사랑과 용납을 세계적인 관점에서 파악하기는 어렵지 않다. 언젠가 한 젊은 남자가 말했다. "네, 저도 하나님이 모든 사람을 사랑하고 받아들이신다고 믿습니다. 하지만 그분이 나를 용납하셨음을 믿는 것은 전혀 다른 문제입니다. 그걸 믿기가 너무 힘듭니다."

대부분의 사람들이 이렇게 느끼는 이유는 무엇인가? 하나님이 모든 사람을 용납하신다는 것을 믿기는 쉬우면서 나를 용납하신다는 것을 믿기는 왜 그렇게 어려운가? 그것은 우리가 수치심으로 가득 차 있기 때문이다.

이 세상에서 느끼는 수치심

우리가 안고 있는 수치심은 어디에서 출발하는가? 앞서 언급했듯 그것은 타락한 세상에서 온다. 이 사실은 너무나 중요하므로 다시 언급하고자 한다. 이 세상은 우리가 숨쉬는 공기까지 타락했다. 이 세상 나라는 하나님나라와 완전히 반대다. 이 세상 나라는 돈과 권력, 성적 매력을 중시한다.

이 세상 나라에서 살면서 우리는 수치심을 느낄 수밖에 없다. 돈이나 권력이 있거나, 매력적일 때에만 인정받는다. 그러므로 사람들이 돈이나 지위, 그리고 아름다움을 추구하는 것은 놀랄 일이 아니다. 성형 수술, 가발, 다이어트 약, 지방 흡입술은 외적인 미를 전부로 여기는 이 세상에서 당연한 결과들이다.

돈이 많지 않을 때 우리는 부끄러움을 느낀다. 키가 너무 크거나 너무 작아도, 너무 뚱뚱하거나 너무 말라도 우리는 용납받지 못한다고 느낀다. 인정받지 못하는 직업을 갖고 있거나, 좋지 않은 차를 몰고 다닐 때 우리는 수치심을 느낀다. 자녀가 없거나 또는 너무 많아도 뒤처진 것처럼 느껴진다. 우리가 이 나라에서 언제나 수치심을 느끼는 것은 항상 자신보다 더 낫고, 더 부유하며, 더 매력적이고, 더 똑똑한 사람들이 있기 때문이다. 그 누구도 수치심에서 자유로울 수 없다.

수치심에 대한 반응

수치심을 느낄 때 많은 사람들은 다음의 세 가지 방법으로 반응한다. 훌훌 털어버리든지, 선해지든지 또는 악해지는 것이다.

내가 대학을 다닐 때 옆집에 살던 젊은 남자는 임상의가 '심각한 자존감 문제'라고 칭하던 증상을 안고 있었다. 의사가 그에게 권해준 처방은, 자신이 훌륭하고 매력적이며 소중하고 똑똑하며 중요하다는 잠재 의식적인 메시지를 듣는 것이었다. 잠을 잘 때 그는 그에 대한 칭찬이 빗발치듯 쏟아지는 카세트 테이프를 들었다. 불행하게도 그것은 깊이 찔린 상처에 반창고 하나를 붙이는 처치와 비슷할 뿐이었다. 잠시 동안은 자신이 더 낫게 느껴질지 모르지만 결코 오래가지 않는다.

수치심을 다루기 위해 우리가 선택하는 또 다른 방법은 매우 선해지는 것이다. 우리는 이렇게 생각한다. "도덕적으로 완벽해지면 수치심을 덜 느낄 거야." 덕을 갖춤으로써 우리는 자신이 용납될 만한 훌륭한 사람임을 스스로에게 확신시킬 수 있을 것이다. 그러나 나무랄 데 없는 행위에 근거하여 용납받는다면, 우리는 끊임없이 노력을 기울여야 하며 그러다 결국 실패할 것이라는 데 문제가 있다.

수치심에 반응하는 세 번째 방법은 수치심을 마비시키는 것이다. 우리는 계속해서 자기 자신을 판단하고, 행동을 점검하고, 모든 행동을 조작하는 데 지쳤으며, 우리의 진정한 자아는 자유를 원한다. 그러다 고통을 피하기 위해 약물이나 술에 빠지고, 또는 수치심을 잊을 수 있을 만한 스릴 넘치는 경험을 찾는다.

수치심에서 오는 고통으로부터 도망칠 수는 없다. 찬사와 칭찬에 흠뻑 젖을 때에도 수치심은 여전히 남는다. 도덕적으로 완벽하고 실수가 없다고 해도 수치심은 떠나지 않는다. 약을 복용하고 고통이 사라지기를 기대하지만 약효가 떨어지면 고통은 다시 시작된다. 고통으로부터 도망칠 수는 없다. 그러나 고통을 치료할 수는 있다.

자신에 대한 진실

"야, 뚱보!" 학창 시절에 누구나 한 번쯤은 친구를 그렇게 불러봤을 것이다. 우리는 몸집이 큰 사람들을 놀리고 장난 삼아 괴롭히곤 했다. 그 친구는 농구 시합에 나갈 사람 중 맨 꼴찌로 지명되는 고통을 느꼈을 것이다. 마이크는 항상 발렌타인데이 선물을 하나도 받지 못하던 유일한 친구였다. 선생님이 반 전체에게 주는 선물을 제외하고는 말이다.

중학교 시절 체육 시간에 그는 내 옆에 서 있었다. 그때 누군가 그를 밀어서 내 위에 쓰러졌다. 그를 밀었던 친구는 마이크가 일부러 나를 덮쳤다고 했다. 반 아이들 모두가 지켜보는 가운데 나는 훌훌 털어버릴 것인지, 아니면 싸울 것인지 선택해야 했다. 나는 터프가이로서의 이미지를 유지하기 위해 싸움을 선택했다. 나는 말했다. "뚱보, 덤벼봐." 그는 싸우고 싶지 않다고 했지만 친구들의 압력에 못이겨 결국 싸움이 시작됐다. 그는 일어서서 권투 선수처럼 주먹을 들어 올렸다. 단 한 방의 주먹질로 나는 그의 코피를 터트렸다. 바로 그때 체육 선생님이 들어와 우리가 싸우는 모습을 보고는 운동장 열 바퀴를 돌고 오라고 하셨다.

그날 선생님이 우리에게 내린 벌을 받고 나는 극적으로 변화되었다. "둘이서 손 잡고 뛰어!" 반 전체가 왁자지껄하게 웃었다. 당황한 마이크와 나는 운동장을 뛰었다. 그 콘크리트 운동장에서 본 그의 모습이 생각난다. 코에서는 피가 나고, 둔한 체구의 그를 보면서 나는 그가 사람임을 깨달았다. 우리는 서로를 바라보면서 웃었다. 그와 나는 실제로 좋은 친구가 되었다. 그날 이후로 나는 다시 사람을 때리지 않았다.

더이상 나는 마이크를 뚱보나 멍청이, 혹은 못난이로 보지 않았다.

나는 그 모든 외양을 제쳐둘 필요도, 그의 '장점'에 애써 집중하여 그를 소중한 사람으로 인정하는 척 할 필요도 없었다. 코피가 흐르는 친구와 손을 잡고 뛰면서 그가 누구이며 내가 누구인지에 대한 진리가 마음속 깊이 다가왔다. 우리를 자유롭게 할 수 있는 것은 오직 진리, 진리뿐이다.

야수와 같은 우리

〈미녀와 야수〉는 가면 뒤에 숨어 다른 사람들이 못생긴 자신의 얼굴을 보지 못하게 했던 한 남자에 대한 이야기다. 그가 마침내 사랑하는 여인으로부터 사랑받게 되었을 때 조심스럽게 그 가면이 벗겨졌는데, 놀랍게도 너무나 멋진 얼굴이 드러난다. 우리 삶이 이 동화와 같다면 어떨까?

하지만 실제로, 당신과 나는 그와는 정반대의 상태에 있다. 우리의 가면 뒤에 숨은 것은 아름다운 모습이 아니다. 그 가면 뒤에는 이리저리 기워 만들어진 자아가 숨어 있다. 그 자아는 진실보다는 거짓을 말하고, 주기보다는 받으며, 세우기보다는 무너뜨리기 일쑤다. 내면을 들여다보아도 우리가 보는 것은 우리 자신이 아닐 수 있다.

오늘날 세상은 우리가 가끔씩 '실수하는' '꽤 선한' 사람이라는 거짓말을 속삭인다. 원죄와 인간의 타락에 대한 기독교 교리는 성선설과 인간의 잠재성에 대한 철학으로 대체되었다. G. K. 체스터튼은 이렇게 말했다. "원죄를 부인하는 새로운 신학자들이 있는데, 사실상 원죄는 기독교 신학 중 증명할 수 있는 유일한 요소다."

우리는 자신의 행동을 변명하며 원래는 선하고 친절한 사람인 양 가장한다. 나는 사람들이 자신의 죄성에 대해 얼마나 놀라고 두려워하는지를 지켜보아왔다. 사람들은 자신의 마음을 털어놓다가 종종 이렇게 말한다. "제가 어떻게 그런 일을 저지를 수 있었을까요?" 우리의 본성을 이해한다면 "제가 어떻게 그런 일을 저지르지 않을 수 있죠?"라고 묻는 게 더 현명할 것이다.

C. S. 루이스는 〈폐허가 몰락할 때 As the Ruin Falls〉라는 시에서 이렇게 말하고 있다. "나는 태어난 이후 단 한 번도 이기적이지 않은 생각을 해본 적이 없다." 아무리 최선을 다해도 우리는 이기적일 뿐이라고 그는 말한다. 가장 고상한 행동과 최고의 미덕조차 자기 이익으로 오염되어 있는 것이다.

하나님이 우리를 용납하시듯 우리가 자신을 제대로 용납하지 못하는 이유는 하나님이 우리를 보시는 것처럼 자신을 보고 싶어하지 않기 때문이다. 하나님은 우리를 있는 그대로 보신다. 그분은 가면 아래의 모습을 보신다. 우리 각자에게서 자신을 경계하는 상처 입은 사람을 보신다. 그 사람은 그릇된 결정을 하기 쉬우며 큰 죄를 지을 수 있는 죄인이다.

하나님은 우리의 모습에서 소중하지만 동시에 악한 사람을 보신다. 우리는 하나님이 찾으실 정도로 매우 귀중한 존재다. 그와 동시에 우리는 원죄로 얼룩져 있고, 살아가는 이 타락한 세상의 영향을 받으며, 영혼의 원수들이 늘어놓는 거짓말에 속기 쉬운 사람들이다. 우리 안에는 선한 것, 하나님이 사랑하시는 부분이 있지만 또한 악한 것, 하나님의 사랑으로만 깨끗이 할 수 있는 부분도 있다. 우리 내면은 스스로를 구원할 수 없을 정도로 부패해버렸다.

자신이 하찮은 존재라는 생각에 사로잡힌 우리

연극 〈칵테일 파티Cocktail Party〉에서 T. S. 엘리엇은 자신을 용납하기 위한 우리의 잘못된 시도 속에 숨겨진 실체를 살펴보았다. 그 연극의 등장 인물 중 한 명인 에드워드는 촌뜨기요 알코올 중독자인데다 강간범인데, 급기야 자신의 고통을 참지 못하는 지경에 이른다. 그는 칵테일 파티에서 낯선 사람을 만나고 어떤 이유에선지 처음 본 그 사람에게 자신의 무능함에 대해 털어놓았다. 그는 두렵다고, 자신이 '바보 같다'는 사실과 대면하는 게 두렵다고 말한다.

그러자 그 낯선 남자가 대답한다. "자신이 바보 같다는 사실을 깨닫는 것은 전혀 해로운 일이 아닙니다. 자신이 바보 같다는 사실을 그냥 받아들이십시오. 그게 내가 해줄 수 있는 최선의 충고입니다."

그후 에드워드는 칵테일 파티에서 만난 남자가 사실은 정신과 의사였다는 사실을 알게 된다. 자신의 불안감을 해결하려는 마음에 그는 그 의사의 사무실로 찾아간다. 그는 정신과 의사에게 말했다. "내가 하찮은 존재라는 생각을 도무지 떨칠 수가 없습니다."

의사는 대답한다. "정확히 말해, 나는 당신이 스스로를 중요한 인물이라고 느끼게 만들 수 있습니다. 당신은 치료 효과가 매우 놀랍다고 여기겠지요. 그러다 당신은 힘이 닿는 대로 그 소용 없는 짓을 계속하고자 할 겁니다. 스스로 위안을 얻을 때까지 말입니다. 하지만 이 세상에서 자행되는 범죄 중 절반은 스스로를 중요한 인물이라고 느끼고 싶어하는 사람들 때문에 일어납니다. 스스로를 잘났다고 생각하려는 끝없는 싸움에 푹 빠져 있기 때문이지요."

너무나 악하게도 우리는 자신을 훌륭한 사람으로 믿고 싶어한다. 이런 끝없는 싸움에 대한 해답은 스스로를 중요한 사람으로 느끼려는 욕구 자체를 내려놓는 데 있다는 것을 모르는 채 말이다. 우리가 자신에게 만족할 수 없는 까닭에 그 싸움은 끝이 나지 않는다. 왜 그럴까? 하나님이 그렇게 의도하지 않으셨기 때문이다. 다람쥐 쳇바퀴 돌듯 많은 공을 들이지만 실제로는 아무 진전이 없다.

계속 자신에 대해 좋게 생각할수록 우리는 현실을 왜곡하게 될 것이다. 거짓을 믿게 될 것이다. 외양을 꾸미고, 무언가를 끊임없이 흉내내며 진정한 자아와 마주치기를 피하는 것이다. 진짜 자기가 아닌 허상을 자신이라고 믿으려다가 지치고 말 것이다.

진정한 겸손

문제의 진실은 내가 모순 덩어리라는 것이다. 잔인하도록 정직하게 나 자신을 돌아볼 때, 나는 거짓말을 잘하고 속이고 훔치며, 다른 사람을 교묘하게 이용하고 나보다 잘난 사람을 미워한다. 나는 교만과 시기, 분노와 게으름, 탐욕, 그리고 욕망과 친하다.

그와는 반대로, 또한 나는 사람들에게 선행을 베풀 수 있으며, 다른 사람을 위해 사리 사욕 없이 헌신할 수도 있고, 그것을 떠벌리지 않을 만한 양식도 갖추었다. 나는 진실을 말하고, 도덕적으로 행동하며, 정의를 위해 설 수 있다. 정말 모순 덩어리다.

아시시의 성 프란시스는 청렴한 삶과 자선 행위로 유명함에도 불구하고 자신을 죄인 중에서도 가장 악한 자라고 표현했다. 프란시스보다 훨씬 부도덕한 사람들이 많은 것이 분명한데 어떻게 그렇게 말할 수 있느냐고 물었을 때, 성 프란시스는 대답했다.

"하나님이 저를 축복하신 만큼의 큰 은혜로 그들을 축복하셨다면, 그들은 저보다 더 깊이 하나님의 은혜를 깨달았을 것이며 저보다 더 훌륭히 섬겼을 것입니다. 만일 하나님이 저를 버리셨다면, 저는 그 어떤 사람보다 더 악한 일을 많이 저질렀을 것입니다."

그의 말이 현대인들의 귀에는 이상하게 들릴 것이다. 우리는 성 프란시스의 말이 옳을지도 모른다고 생각하는 대신 그를 신경과민자라고 생각한다. 어쩌면 수치심이라는 문제에 대한 해결책은 애써 자신에 대해 더 좋게 생각하려고 애쓰거나, 더 나쁘게 생각하려고 노력하는 데 있지 않을 것이다. 그 답은 자신을 올바로 아는 데 있다.

현실주의자가 되라

예수님은 스스로를 경건한 사람으로 여기는 한 사람과, 단지 세리라는 직업 때문에 사회에서 멸시받던 또 한 사람이 성전에서 기도드리는 장면에 대해 이야기해주셨다(눅 18:9-14). 경건한 사람은 자신의 신앙심이 깊다는 사실로 인해 하나님께 감사 기도를 드렸다. 다른 한 사람은 거룩한 하나님의 성전에 가까이 가는 것조차 두려워 멀리 떨어져 있다. 그는 무릎을 꿇고 이렇게 기도했다. "하나님이여, 불쌍히 여기옵소서. 나는 죄인이로소이다."

예수님은 둘 중 한 사람이 하나님께 더 의롭다 하심을 받고 돌아갔다고 말씀하셨다. 누구일까? 그는 바로 정직했던 사람이다. 도움을 간구했던 사람이다.

에블린 언더힐은 이 구절에 대해 다음과 같이 말한다.

세리는 자신의 부족함과 불완전함을 뼈저리게 느끼면서 그러한 절망 속에서 모든 완전의 근원과 만났다. 그는 정당한 보상을 받았다. 그가 특별히 나쁜 사람이었다고 가정할 필요는 없다. 그러나 그는 자신이 불완전하고 의존적이며, 도움이 필요하고 어떤 자격이나 권리도 없는 사람임을 알았다. 그는 현실주의자였다. 그 사실로 인해 통로가 열렸고, 풍성한 하나님과 가난한 영혼 사이의 교제가 시작되었다.

자기 용납의 길로 들어서기 위해서는 진정한 자신의 모습을 깨달아야 한다. 자신을 괴롭히거나, 자신에 대해 욕하거나, 과도하게 자신의 죄성을 고백할 필요는 없다. 우리가 해야 할 일은 오직 현실주의자가 되는 것이다.

우리는 불완전하다. 매우 의존적이다. 우리에겐 어떤 자격도 권리도 없다. 우리는 죄인이다. 예수님이 하신 다음과 같은 말씀을 생각할 때 그 사실은 오히려 반가운 소식 아닌가? "나는 의인을 부르러

온 것이 아니요 죄인을 부르러 왔노라"(마 9:13). 의인인 척하는 것은 우리에게 다가오시는 하나님을 가로막고 그분의 치료 사역을 연기시킬 뿐이다.

사도 바울은 자신이 누구인지 알았으며 오직 하나님의 은혜만 의지했다. 그는 자신의 여러 약한 것들에 대해 자랑할 정도였다. 치료받기를 원할 때 우리가 받아들여야 할 사실은 자신이 약하고 깨어졌으며 불완전하다는 사실이다. 바로 그것이 우리이기 때문이다.

하나님 앞에서 약해지지 못하는 것만큼 영적인 삶에서 치명적인 것은 없다. 바울이 종종 자랑한 것은 능력이나 지혜, 업적이 아니었다. 그는 목소리를 높여 하나님이 자기 안에서 행하셨으며, 지금도 행하고 계신 모든 것에 대해 선포했다. 그가 자랑한 것은 자기 자신이 아닌 하나님이었다. 자신의 연약함을 더 많이 깨달을수록, 바울은 자신의 노력에 덜 의존했으며, 또한 하나님이 자신의 삶 속에서 더 강하게 역사하시도록 했다. 하나님의 사랑과 용납은 그것을 받을 자격이 없던 한 사람 위에 머물렀다. 그리하여 그는 자신의 삶을 다시 하나님께 선물로 돌려드렸다.

진리를 통한 자유

복음은 깨어진 사람, 죄를 깊이 뉘우치는 사람, 의사의 도움이 필요한 병든 사람에게 주어지는 복된 소식이다. 교회는 많지만 진정한 공동체가 부족한 것은, 우리가 병자라는 사실을 인정하기를 부끄러

위하기 때문이다. 자신이 정말 어떤 사람인가에 대한 진실을 인정하는 것은 진정한 공동체를 세우는 첫 단계. 디트리히 본회퍼는 이 점을 잘 설명했다.

경건한 사람들이 이해하기 어려운 것이 복음이다. 복음은 우리에게 다가와 진리를 내보이며 이같이 말한다. "당신은 죄인입니다. 엄청나고 절망적인 죄인. 죄인인 당신은 이제 당신을 사랑하시는 하나님께 돌아오십시오. 그분은 당신이 있는 모습 그대로 오기를 바라십니다. 그분은 희생이나 사역 따위를 원치 않으십니다. 하나님은 당신을 원하십니다. '내 아들아 네 마음을 내게 주며'(잠 23:26). 하나님은 죄인을 구원하기 위해 당신에게 오셨습니다. 기뻐하십시오!" 이 메시지는 진리를 통한 자유의 메시지다. 우리는 자기 자신이나 형제에게 마치 죄가 없는 것처럼 거짓말하지 않아도 된다. 우리는 용감히 죄인이라고 말할 수 있다.

이제 우리는 자신에게 거짓말하지 않아도 된다. 세리처럼 "하나님이여 불쌍히 여기소서 나는 죄인이로소이다"(눅 18:13)라고 고백하는 그 순간, 우리는 자기 기만으로부터 벗어날 수 있다. 더이상 하나님이 용납해주실 만한 모습으로 자신을 애써 꾸밀 필요가 없다. 하나님은 이미 우리를 용납하셨다. 이제 우리는 자신을 용납할 차례다.

자기 개선, 그리고 자기 굴복

우리가 치료받는 과정은 자기 개선의 과정이 아닌 자기 굴복의 과정이다. 현존하는 자아를 개선하려 애쓰는 데 문제가 있다. 자신을 더 좋게 생각하려는 싸움을 중단하고, 실오라기 하나 걸치지 않은 채 하나님 앞에 설 때 우리는 온전한 용납을 경험하게 될 것이다.

정직하게 내보이면 하나님이 나를 멀리하시지 않을까 두려울 수도 있다. 하지만 결과는 정반대다. 자신의 행동으로 자신에 대한 하나님의 마음을 바꾸어보려는 욕구를 내려놓는 순간, 하나님은 우리에게 가까이 오신다. "하나님, 저 여기 있습니다. 제가 얼마나 연약하고 변덕스러우며 어리석은지 아시지요?" 이러한 고백은 자아의 교만을 깨뜨리고 하나님을 우리 마음속으로 초청한다.

정말 중요한 것은 자기 자신에 대해 정직해지는 것이다. 이러한 태도를 가질 때, 우리는 자유로워지며 하나님이 그리스도를 통해 이루신 관계에 집중하게 된다. 우리는 자기 자신으로부터, 완벽에 대한 집착으로부터 눈을 돌려 자신의 실패와 잘못을 용납하게 된다. 실패와 잘못에 대해 궁색한 변명을 늘어놓는 게 아니라 그것을 우리 존재의 일부로 보기 시작하는 것이다.

그때야 비로소 우리는 그리스도와 함께 동행할 수 있다. 거룩을 이루기 위해 신중히 짜낸 자신의 계획에서 눈을 돌려, 이제 우리의 초점은 정직하고 가난하며 궁핍한 마음에 다가오시는 살아 계신 하나님께로 향한다.

하나님은 우리 마음보다 더 크시다

우리가 용납할 수 없다고 여기는 모든 것을 하나님은 용납하기로 결정하셨다. 우리가 스스로 부끄럽게 여기는 부분을 하나님은 부끄럽게 여기지 않으신다. 이것이 바로 복음이다. 우리 마음이 우리를 책망할 때라도 하나님은 우리 마음보다 더 크시다. 사도 요한은 이렇게 기록했다.

이로써 우리가 진리에 속한 줄을 알고 또 우리 마음을 주 앞에서 굳세게 하리니 이는 우리 마음이 혹 우리를 책망할 일이 있어도 하나님은 우리 마음보다 크시고 모든 것을 아시기 때문이라 사랑하는 자들아 만일 우리 마음이 우리를 책망할 것이 없으면 하나님 앞에서 담대함을 얻고(요일 3:19-21).

우리는 깊은 수치심을 느끼며, 무자비하게 자신을 책망할지 모르지만 하나님은 그렇게 하지 않으신다. 하나님이 우리를 책망하지 않으시는데 누가 우리를 책망하겠는가? 우리가 하나님보다 더 큰가? 하나님보다 더 뛰어난 통찰력을 지니고 있는가?

하나님의 용납으로 우리도 자신을 용납할 수 있게 된다. 우리의 수치심을 치유하는 은혜, 그것은 우리 안에서 사랑받을 만한 부분, 선하고도 사랑스러운 부분을 애써 찾으려 하지 않는다. 선한 모습과 악한 모습, 사랑스러운 모습과 그렇지 않은 모습까지 은혜는 우리를 있는 모습 그대로 바라본다. 은혜는 우리를 그저 용납한다. 우리를 용납해주시는 하나님, 그분은 앞으로도 영원히 우리를 용납해주실 것이라고 약속하신다. 이제는 우리가 자신에게 이와 같이 할 때다.

두려움을 제거하기

하나님은 수치심의 핵심인 거절에 대한 두려움을 제거하심으로써 우리를 치유해주신다. 하나님 앞에 정직하게 나아가 우리 영혼을 있는 그대로 내어놓고 그분의 용납을 경험할 때, 우리가 갖고 있던 거절에 대한 두려움은 사라질 것이다. 하나님은 우리를 떠나지 않으신다. 이제는 우리가 이같이 자신을 용납하고 자신에 대한 소유권을 되찾을 때다.

수치심에서 벗어나 치유받고 있는 사람은 이같이 고백할 것이다. "저는 불완전하고 깨어졌으며 약합니다. 그러나 하나님이 저를 있는 모습 그대로 용납하고 받아주셨기에 이제 저도 자신을 용납할 수 있습니다. 제 상처와 흠을 보여드렸을 때 하나님은 제게 등을 돌리지 않으셨습니다. 그 대신 다가와 제 상처를 어루만지셨습니다. 하나님 앞에 서 있는 제가 진정한 나입니다."

선한 사람으로 보이고 싶어하는 욕구는 사라질 것이며, 마침내 "우리가 진정으로 누구인지에 대한 신비 안에서 자유롭게 걸을 수 있다."

하나님은 우리를 인간으로 만드셨다. 그것은 그분의 계획이었다. 나는 모든 행동에 실수가 없고 완벽한 로봇 같은 나를 하나님이 더 좋아하실지 모른다고 생각했다. 불완전한 나로부터 탈출하고 싶었다. 하나님이 내 약점을 거두어가시기를 기도했다. "주님, 인간은 실수를 합니다. 인간이 아닌 다른 것이 되게 해주세요." 그러나 하나님은 나를 성가시게 여기지 않으셨다. 그분은 은혜로 나를 감싸셨고, 나는 그것을 받아들이고 감사하는 법을 배웠다. 그것이 바로 나다.

스페인 작곡가 파블로 카잘스Pablo Casals가 했던 말에 담긴 진리를 깨닫는 데는 오랜 시간이 걸렸다. "삶에서 중요한 것은 사람이 되기를 두려워하지 않는 것이다."

하나님의 용납으로 나는 나의 모습 그대로를 즐거워할 수 있다. 나 자신을 심각하게 생각하며 얽어맨 속박으로부터 자유롭다. 이는 체스터튼이 했던 말과 같다. "천사는 자신을 가볍게 여기기 때문에 날 수 있다." 나를 받아들임으로써 나는 날 수 있게 된다.

나는 나

뽀빠이가 멋지게 늘어놓던 명언을 나 또한 용감하게 외칠 수 있다. "나는 나야." 나뿐 아니라 누가 뭐라고 해도 이것은 변함없는 사실이다. 누군가 나를 칭찬해도 나는 나다. 누군가 나를 비판해도 나는 나다. 어떤 찬사나 비난도 나를 다른 사람으로 만들지 못한다.

정말 중요한 것은 하나님이 우리에 대해 뭐라고 말씀하시는가다. 하나님이 나를 비난하시는데 수천 명의 사람들이 내 앞에서 절을 하고 나의 이름을 찬양한들 무슨 소용이 있겠는가? 하나님이 나를 용납하시고 사랑하시는데 수만 명이 나를 욕하고 비방한들 무슨 소용이 있겠는가?

하나님이 있는 그대로 나를 받아주셨으므로 나도 있는 그대로 나를 용납할 수 있다. 자신을 용납하지 않는 것은 하나님의 말씀을 거부하고, 그분의 음성을 외면하는 것이다. 그분은 나에게 "이는 내 사랑하는 자요"라고 말씀하신다.

우리는 오직 하나님이 내거신 조건을 통해서만 자신을 용납할 수 있다. 그분의 용납은 우리가 소유한 어떤 자질을 기반으로 한 것이 아니다. 자신의 이미지를 적당하게 꾸며내려는 시도는 곧 무너질 것이 분명하다. 그러나 그분의 용납은 약속이며, 그렇기에 우리는 오직 믿음을 통해 그 약속을 받을 수 있다.

아마도 '신뢰'라는 표현이 더 적당하리라. 어린아이가 부모의 용납을 신뢰하는 것은, 뭔가 대단한 일을 했기 때문이 아니라 자기가 부모의 아이임을 알기 때문이다. 우리 역시 그와 같은 어린아이가 되도록 부름받았다. 우리는 신뢰하는 법을 배워가고 있다. 우리는 허물 많은 자신의 존재와 화해하며, 우리 존재에 담긴 신비스러움을 과감하게 신뢰해야 한다.

그러므로 용기를 가져라. "너는 내 사랑하는 자요, 내가 너를 기뻐하노라"는 하나님의 음성을 듣는 자리에서 우리를 내쫓으려 비난하는 내면의 목소리가 들려올 때에도 도망가지 않기를 바란다. 우리 마음이 우리를 책망하더라도 하나님은 우리 마음보다 크시다.

함께 생각해볼 문제

1. "우리도 날마다 어느 정도는 샌디와 같이 행동한다. 받아들여질까, 거절당할까 불안해하며 가면을 쓰고 다른 사람들이 좋아할 만한 행동을 한다. 문제의 근원은 우리 모두가 거부당하는 것을 두려워한다는 데 있다."
   — 다른 사람의 이목이 두려워 실제 자기 모습과 다르게 행동하는 부분이 있습니까? 있다면, 그러한 자신의 모습을 볼 때 어떤 생각이 듭니까?

2. "하나님이 우리를 용납하시듯 우리가 자신을 제대로 용납하지 못하는 이유는 하나님이 우리를 보시는 것처럼 자신을 보고 싶어하지 않기 때문이다."
   — 애써 자신에 대해 좋게 생각하려고 노력하고 있지는 않습니까? 하나님 앞에서 인정하기 부끄러운 당신의 모습은 무엇입니까?

3. "우리가 용납할 수 없다고 여기는 모든 것을 하나님은 용납하기로 결정하셨다. 우리가 스스로 부끄럽게 여기는 부분을 하나님은 부끄럽게 여기지 않으신다. 이것이 바로 복음이다."
   — 우리가 부끄럽게 여기는 실패한 기억이나 단점을 하나님은 부끄럽게 여기지 않으신다는 사실이 우리에게 어떠한 위로를 줍니까?

3장_ 너를, 있는 모습 그대로

> 사랑하는 자들아,
> 하나님이 이같이 우리를 사랑하셨은즉
> 우리도 서로 사랑하는 것이 마땅하도다.
> — 요한일서 4장 11절

전화기를 건네주는 아내에게 나는 물어보았다. "누군데?"

"모르겠어요. 처음 듣는 목소리에요." 아내가 말했다.

"여보세요. 제가 제임스입니다."

수화기 너머로 누군지는 알지만 오랫동안 듣지 못했던 목소리가 들려왔다.

"나 마주 아줌마인데, 기억하니? 물론 그렇겠지. 너는 우리 아이들과 함께 자랐으니까. 우리는 아직도 네가 어릴 적 살던 곳 뒷집에 살고 있단다. 제임스, 네 어머니와 연락을 하고 싶은데 지금 어디 살고 계시니?"

나는 대답했다. "어머니와 아버지는 은퇴하고 서부로 가셨어요. 연락처를 알려드릴까요?"

전화번호를 찾으며, 문득 어린 시절의 따듯했던 여러 추억이 떠올랐다. 아이들과 함께 뛰놀던 마당은 아주머니 집 옆에 있었다. 어느 해 여름 우리 가족은 일주일 동안 아주머니네 오두막집에 놀러가기도 했다. 그 뒷마당에서 레모네이드를 마시고 해가 질 때까지 트램폴린 위에서 뛰던 기억이 났다.

아주머니는 말씀하셨다. "고맙다, 제임스. 정말 네 어머니와 이야기하고 싶었어. 음, 아마 소식 못 들었겠지만, 얼마 전 우리 큰 아들이 죽었단다."

"오, 아주머니, 전혀 몰랐어요. 정말 유감입니다." 예기치 못한 소식에 나는 깜짝 놀랐다.

"에이즈로 인한 합병증으로 죽었지. 정말 네 어머니와 이야기를 나누고 싶구나. 언제나 무슨 말이든 다 들어주었지. 무슨 일이든 항상 네 어머니에게 전화할 수 있었어. 그럴 때마다 내 편을 들어주었거든. 내가 정말 네 어머니를 사랑하는 거 알지?"

우리는 몇 분 동안 더 이야기를 나눈 후에 전화를 끊었다. 왜 10년이 넘은 지금, 내 어머니와 연락을 하고 싶으신 걸까? 문득 아주머니가 한 말이 머리를 스치고 지나갔다. "무슨 일이든 항상 네 어머니에게 전화할 수 있었어. 그럴 때마다 내 편을 들어주었거든." 갑자기 모든 상황이 이해되었다. 아주머니는 우리 어머니에게 솔직해질 수 있었으며, 수화기 너머로 자신을 받아주고 위로해주는 사람을 만났던 것이다.

커다란 아픔을 겪을 때 우리는 자신을 기꺼이 맞아줄 사람을 찾는다. 내가 안고 있는 온갖 문제와 실패에도 전혀 거부감을 보이거나 귀찮아하지 않는 사람, 귀를 기울여 마음속 세세한 이야기를 듣고 받아주는 사람. 일단 그런 사람을 만나면 우리는 그 곁에서 떠나고 싶어하지 않는다. 그 사람 곁에서 도움을 얻으며 늘 고마움을 느낀다. 그러나 불행히도 그런 사람은 많지 않다.

용납은 전염성이 있다

상대방을 온전히 용납해주는 사람들, 그들의 목소리와 눈빛 속에서 우리는 지금 모습 그대로 있어도 된다는 속삭임을 듣는다. 우리는 자신을 꾸밀 필요도, 가장할 이유도 없다. 그들은 말 없이 이러한 메시지를 전한다. "괜찮아요. 나는 당신을 좋아합니다. 나를 감동시키려 하지 않아도 돼요."

그런 인물에 대해 사람들은 종종 이렇게 말한다. "그 사람 옆에 있으면 솔직해질 수 있습니다." 또는 "어느새 그에게 제 마음이 열려 있더라고요." 그런 사람을 만났을 때, 우리는 자신이 용납되는 것을 느끼고 자기의 본 모습을 꾸며야 한다는 부담감에서 벗어난다.

그들은 하나님이 우리를 대하시듯 사람들을 대한다. 그들은 하나님의 사랑을 받아들인다. 그 사랑을 충분히 누린 그들에게서 그 사랑은 자연스레 다른 사람들에게로 흘러간다. 하나님의 사랑은 그들을 통해 흘러간다. 그들을 만나는 모든 사람들이 용납이라는 바이러스에 감염되어버린다.

　나의 어머니는 심리학자도, 직업적인 상담가도 아니다. 단지 사람들을 진심으로 받아주었을 뿐이다. 바로 그 이유 때문에 사람들은 어머니 주위로 모여들었다. 매주 아주머니도 힘들고 어려운 시기에 신뢰할 만한 누군가로부터 받아들여지기를 원했던 것이다. 그런 사람을 찾기 위해서라면 온 나라를 헤맬 만큼 그 바람은 간절했다.

　우리는 모두 용납되길 원한다. 누군가로부터 흘러나오는 하나님의 사랑을 경험하고 싶어한다. 그것은 우리 모두의 마음속에 면면히 흐르는 갈망이다.

사랑하는 것은 왜 그토록 어려운 걸까?

　우리가 '할 수 있는' 일이 아니라는 점에서 용납은 놀라운 것이다. 그것은 우리에게 '이루어지는' 일로서 자연스럽게 흐르도록 놔둘 때, 점점 그 범위를 넓혀 퍼져나갈 것이다. 무조건적인 용납을 억지로 강요할 수는 없다. 거짓 용납을 사람들은 금방 알아차린다.

　타인을 이처럼 무조건적으로 용납하는 것은 불가능하다. 우리 삶에는 타인을 받아주기에는 고통스런 문제가 너무 많기 때문이다. 한 정신의학자가 사람이 사랑을 배우기가 왜 그렇게 어렵냐는 질문을 받았을 때, 그는 고통이 있는 사람들은 그 문제에 온 신경을 집중하기 때문이라고 대답했다. 치통을 앓는 사람은 치통 외에 다른 것을 생각하지 못한다. 그는 계속해서 말했다. "대부분의 사람들은 자신의 고통에 너무나 깊이 매인 나머지 자신에게서 벗어나 성심껏 다른 사람을 사랑하지 못합니다."

그러므로 하나님이 자신을 용납하셨음을 알고 받아들이는 것이 중요하다. 그럴 때에야 우리는 '자신에게서 벗어날 수' 있다. 고통스런 문제가 여전히 남아 있을 수 있지만 일단 자신을 용납하는 법을 배울 때, 즉 자신이 이루어야 할 이상적 모습이 아닌, 있는 그대로의 자신을 용납하기 시작할 때, 우리는 다른 사람도 그와 같은 눈으로 볼 수 있게 된다.

자신을 사랑하듯이

내가 다른 사람을 어떻게 사랑하는가를 보면, 내가 나 자신을 어떻게 사랑하는지 알 수 있다. 자신에게 냉정하고, 무리한 요구를 하며, 자신을 비난하는 경향이 있는 사람은 다른 사람들에게도 그와 똑같이 대한다. 이웃을 내 몸과 같이 사랑하라고 말씀하셨을 때, 예수님은 도덕적 지침을 제안한 것이 아니라 하나의 사실을 밝히신 것이다. 실제로 우리는 제 몸을 사랑하는 만큼 이웃을 사랑한다.

하나님이 은혜 가운데 용납하시는 하나님임을 내게 보이셨을 때, 그 사실을 내면화하고 누리기까지는 몇 년이 걸렸다. 물론 지금도 의심스러울 때가 많다. 그러나 일단 하나님의 용납을 받아들이고 나니, 그것이 다른 사람을 받아들이는 나의 태도에도 직접적인 영향을 미친다는 사실을 깨달았다.

내가 사랑받고 있음을 느끼기 시작했을 때, 비로소 나는 다른 사람들을 사랑하기 시작했다. 내가 선택받았음을 믿기 시작했을 때, 비로소 나는 다른 사람들 역시 선택받은 존재임을 말해주고 싶어졌다.

사역이 화목하게 하는 직책으로 보이기 시작했다. 바울도 사역을 그렇게 생각했다고 믿는다. "모든 것이 하나님께로서 났으며 그가 그리스도로 말미암아 우리를 자기와 화목하게 하시고 또 우리에게 화목하게 하는 직분을 주셨으니"(고후 5:18).

어디를 가든 하나님으로부터 멀어져 있다고 느끼는 사람들을 만나는데, 그들에게 하나님의 용납에 대해 이야기해주는 것은 멋진 특권이었다. 내가 나의 사역을 감당하고 있는 것이 아니라 세상을 향한 그리스도의 사역을 연장하고 있는 것임을 깨달았을 때, 사역은 오히려 더욱 쉬워졌다.

사랑받는 대로 사랑하는 우리

하나님이 우리를 사랑하신다는 사실로 인해 우리도 서로를 사랑할 수 있다. 그것은 모든 참된 사랑의 기초다. 하나님은 사랑의 하나님이며, 그분 안에 사는 사람은 반드시 사랑의 사람이 된다.

어느날 친구와 커피를 마시다가 이런 질문을 받았다. "제임스, 자네는 자신이 그리스도인이라는 사실을 어떻게 아나?"

"글쎄, 내면 깊은 곳에서 그 사실을 알고 있다고 해야 하나? 증명할 수는 없지만 나는 그 사실을 분명히 알고 있고, 또 내가 알고 있음을 분명히 알고 있지." 스스로도 혼란스러워하며 나는 대답했다.

그는 이렇게 말했다. "나는 말이지, 우리가 갖고 있는 유일한 증거, 그리스도가 우리 안에 거한다는 유일한 증거는 다른 사람을 향한 우리의 동정심이라고 생각해."

그의 말은 옳았다. 다른 사람을 향한 진실하고 참된 애정은 그리스도가 우리 안에 살아계신다는 유일한 징표다. 예수님은 말씀하셨다. "너희가 서로 사랑하면 이로써 모든 사람이 너희가 내 제자인 줄 알리라"(요 13:35).

하나님이 먼저 우리를 사랑하셨기에 우리도 사랑할 수 있는 것이다(요일 4:19). 우리는 하나님의 용납을 전달하는 역할을 할 뿐이다. 다른 사람을 향한 우리의 사랑은 우리를 향한 하나님의 사랑이 연장된 것이다. 다른 사람을 사랑하고 용납하지 못하겠다고 생각하는 것은 자신이 사랑받고 용납되었음을 느끼지 못하기 때문이다. 아직 우리를 향한 하나님의 용납과 사랑을 받아들이지 못한 것이다.

하나님의 사랑은 어떠한가?

우리는 성경을 통해 하나님이 사랑이심을 안다. 그런데 그 의미는 무엇인가? 하나님의 사랑은 어떠한가? 고린도전서 13장에는 사랑에 대한 가장 아름다운 묘사가 등장한다. 사랑은 오래 참고, 온유하며, 자랑하지 아니하며, 무례히 행치 아니하며, 악한 것을 생각지 아니하며, 모든 것을 바라며, 모든 것을 믿으며, 항상 있을 것이다.

그것이 우리를 향한 하나님의 사랑이다. 하나님은 오래 참으신다. 우리의 잘못과 실수도 불평 없이 견디신다. 하나님은 온유하시다. 우리를 강압적으로 통제하려 하지 않으신다. 하나님은 자랑하지 않으신다. 그분은 우리에게 잘 보일 필요가 없으시다. 하나님은 무례히 행치 않으신다. 우리를 공격하거나 교묘히 이용할 이유가 없으시다. 하나님은 악한 것을 생각지 아니하신다. 언젠가 우리를 심판할 때 쓰시려고 우리의 잘못을 모조리 적어놓지도 않으신다. 하나님은 바라고 믿으신다. 그분은 우리가 의심하며 자신에 대해 절망할 때에도 변함없이 우리의 잠재력을 보신다.

하나님이 우리와 함께 거하시며 이 같은 사랑으로 자신의 생명을 나눠주실 때, 우리 역시 사람들에게 그 사랑을 나눠줄 수 있게 된다.

하나님은 나의 어리석음도, 부족한 믿음도 다 참으시고 끊임없이 내게 손을 내미심으로써 나도 형제와 자매들을 그렇게 사랑할 수 있게 해주신다. 하나님은 내가 나 자신을 포기하고 싶을 때에도 나를 비난하거나 포기하지 않기로 작정하셨다. 이제 나는 다른 사람에게도 이같이 할 수 있다. 우리를 둘러싼 사람들에게 이러한 사랑을 행할 때, 우리는 그들을 아름다운 존재로 가꿔가게 된다.

애써 노력하는 사랑?

이렇게 다른 사람들을 용납하기 위해 우리는 애써 몸부림치며 노력해야 하는 것은 아니다. 포도 열매를 맺은 가지를 보면서 이렇게 말하는 사람은 없을 것이다. "와, 저 가지 얼마나 힘들었을까? 열매를 맺으려고 얼마나 열심히 노력했을까?" 가지가 열매를 맺는 것은 포도나무에 붙어 있기 때문이지 가지가 수고했기 때문이 아니다.

이와 같이 다른 사람을 사랑하는 동력은 자신의 의지력이 아닌, 우리를 통해 흘러나오는 그리스도의 생명과 능력이다. 피터 밴 브리먼은 이렇게 말했다. "기독교의 사랑은 하나님 바로 그분이다. 다시 말해, 사랑이신 하나님 그분을 나누는 것이다. 우리가 할 일은 가슴을 크게 열어 그 사랑이 우리 안에, 그리고 우리를 통해 다른 사람들에게 흐르게 하는 것뿐이다. 우리는 단지 그 사랑의 통로일 뿐 우리가 애써 노력하여 사랑하는 것이 아니다."

그리스도인의 사랑은 그리스도의 사랑이 우리 마음속에서 흘러나와 우리 손과 발로, 생각과 언어를 통해 퍼져가는 것이다. 하나님이 우리를 용납하셨음을 발견할 때, 우리는 하나님이 다른 모든 사람들도 동일하게 용납하셨음을 깨닫는다. 온전한 용납의 눈길로 이웃을 바라볼 때, 우리는 자신이 그들을 그리스도의 눈으로 바라보고 있음을 또한 깨닫게 되는 것이다.

이것이 바로 성령님이 우리 안에서 하시는 일이다. 영적 지도자 토마스 머튼Thomas Merton은 성령님의 주된 사역에 대해 이같이 서술한 바 있다. "성령님은 우리를 성육신의 신비 속으로, 말씀이 육신됨을 통해 얻게 되는 구속의 세계로 이끌어주신다. 그분은 우리가 그리스도 안에서 나타난 하나님의 사랑을 이해할 뿐 아니라, 그 사랑으로 말미암아 살며 그 사랑을 마음 깊은 곳에서 경험하게 해주신다."

그렇기에 사랑받고 용납받은 그대로 다른 사람을 사랑하고 용납할 수 있는 것은 우리 안에서 역사하시는 성령님의 사역으로 말미암은 것이다. 그러므로 사랑하는 주체는 우리가 아닌, 우리 안에서 그들을 사랑하시는 하나님이라 할 수 있다. 예수님은 포도나무요 우리는 그 가지일 뿐이다(요 15:5). 그분을 떠나서는 사랑할 수 없다.

당신은 누구를 사랑하는가?

사역 초기에 예수님은 다음과 같은 질문을 받으셨다. "제가 누구를 사랑해야 합니까?" 대부분의 유대인 교사들 사이에 공통된 신념은 그저 내 이웃을 사랑하면 된다는 것이었는데, 그들에게 이웃은 동족인 유대인만을 의미했다.

어떤 사람이 "내 이웃이 누구오니이까?"라는 질문을 했을 때, 예수님은 강도를 만나서 맞고 쓰러진 후 사마리아인의 도움을 받은 한 남자의 이야기를 들려주셨다(눅 10:30-37). 예수님은 당시 대부분의 유대인들이 경멸하던 사마리아인을 이야기의 영웅으로 만들어 청중을 놀라게 하셨다. 그 말씀을 통해 예수님은 그들이 갖고 있던 구분선, 즉 누구는 사랑하고 누구는 사랑하지 않을지 결정짓는 구분선을 말끔히 지우셨다.

오늘날에도 예수님은 그와 같은 일을 하신다. 우리는 인종, 지위, 종교, 성별을 기초로 구분선을 그으며, 예수님은 그 선을 지우신다. 자신이 출신지와 신분에 관계없이 용납받음을 깨달을 때, 우리도 다른 사람들을 그와 같이 대할 수 있다.

우리가 온전히 용납받았다면, 다른 사람들도 온전히 용납해야 한다. 하나님의 눈으로 볼 때 용납받지 못할 사람은 없다. 우리도 같은 시각을 가져야 한다.

하나님이 지극히 작은 자(마 25:40)도 사랑하시므로 우리도 사랑할 수 있다. 어리석은 우리가 원수라고 말하는 사람도 하나님이 사랑하시기에 우리도 그를 사랑할 수 있다. 다른 사람을 용납하려는 마음이 얼마나 있는지 알기 위해 이 같은 질문을 던져보자. "나는 내 편 네 편 하는 식으로 구분짓지는 않는가? 아니면 지극히 큰 자와 작은 자를 포함한 모든 사람을 용납하고 사랑하는가?"

어떻게 사랑하는가?

내 이웃을 이같이 용납하려면 어떻게 해야 하는가? 정답에 가까이 가기 위해, 예수님은 나를 어떻게 용납하셨는지에 대해 물어야 할 것이다. 그분이 우리를 사랑하신 방법은 우리가 다른 사람을 어떻게 사랑해야 하는지를 반영하기 때문이다. "내가 너희를 사랑한 것 같이 너희도 서로 사랑하라"(요 13:34).

사람들을 있는 모습 그대로 인정하는 것이 용납의 상당 부분을 차지한다. 그들의 독특한 성격, 아름다움, 결점 등 모든 것을 있는 그대로 받아들이는 것이다. 이렇게 말하기는 쉽지만 행하기는 어렵다는 것을 잘 안다.

나에게는 지독한 버릇이 하나 있는데, 다른 사람들을 그저 용납하고 사랑하기보다 도와주어야 할 대상으로 보는 것이다. 종종 나는 "저 사람은 무엇 때문에 저렇게 힘들어 할까"라고 혼잣말을 한다. 그러다가 내가 어떻게 그 사람을 바로잡을 수 있을지 생각하는 것이다. 사람들을 고치려 하기보다 있는 모습 그대로 온전히 받아들이는 것이 그들에게 더 유익임을 나는 깨닫게 되었다.

사람들에게 최선을 원하는 것은 죄가 아니다. 그러나 내가 직접 그 사람이 이루어야 할 이상향을 생각해내고 그 계획을 따르도록 했을 때 문제가 발생했다. 이렇게 할 때, 나는 이미 그 사람을 용납하고 있지 않을 뿐더러, 내가 생각한 그의 바람직한 모습도 잘못된 것일 때가 많았다. 이제 나의 첫 번째이자 주요한 목표는 사람들을 있는 모습 그대로 받아들이는 것이다.

다른 사람이 내가 바라는 모습으로 변할 때까지 기다리는 한 나는 그 어떤 사람도 용납할 수 없을 것이다. 내 형제의 참모습은 보지 않고 지금과는 다른 모습만 본다면, 나는 그와 공감을 나눌 수 없으며 그와 함께 싸워가지도, 그와 함께 아파하지도, 그와 함께 기뻐하지도 못할 것이다.

내가 할 수 있는 일은 그 사람의 진짜 모습에 담긴 신비 속으로 들어가는 것이다. 사도 바울은 이렇게 기록한다. "우리가 이제부터는 어떤 사람도 육신을 따라 알지 아니하노라"(고후 5:16). '육신을 따라' 사람을 판단하는 세상은 사람들을 계급과 신분으로 나누어 부유한 사람은 존경하고 가난한 사람은 멸시한다.

바울과 그의 동료 그리스도인들은 사람을 부자와 가난한 자, 아름다운 자와 못생긴 자, 강자와 약자, 젊은 자와 늙은 자 등으로 보지 않았다. 그들은 모든 사람을 소중하게 여겼다. 그 이유는 무엇인가? 예수님이 이 세상 모든 영혼을 위해 죽으셨기 때문이다. 거기에서 제외되는 사람은 아무도 없다.

때때로 우리는 어떤 사람이 지나치게 높이 평가되는 것을 두려워한다. 유명 인사나 운동 선수 또는 정치인들은 너무나 많은 사람들의 존중의 대상이 된다. 그런데 진짜 문제는 어떤 사람을 지나치게 존중하는 데 있지 않고, 서로를 지나치게 존중하지 않는 데 있다. 우리가 믿음의 눈으로 볼 수만 있다면, 오늘 만나는 모든 사람은 살아 있는 기적이다.

약자에 대한 사랑

나는 다른 사람을 보고 이렇게 질문하곤 했다. "인정받을 만한 장점이 뭐가 있을까?" 또는 "높이 평가할 만한 좋은 자질을 갖고 있나?" 지금은 그 반대의 태도를 취하려고 노력한다. 세상의 눈으로 볼 때 용납하지 못할 모습은 어떤 게 있는지 먼저 생각한다. 나는 다른 사람을 보고 이렇게 물으려고 애쓴다. "이 사람에게는 어떤 고통이나 약점, 고민이 있을까? 그것을 발견하고 내 일처럼 여겨 그 사람을 용납할 수 있으면 좋으련만."

왠지 앞뒤가 맞지 않게 들릴지 모르지만, 하나님은 바로 그와 같이 우리를 대하신다. 하나님은 그 사랑을 우리 마음속에 새기기 위해 우리의 강함이 아닌 약함에 눈을 돌리신다. 서로를 용납하려면, 우리의 은사나 강점이 아닌 허물과 약점에서 시작해야 한다.

나는 사람들의 약점을 이유로 그들을 무시하거나, 장점을 이유로 그들을 높이 평가하지 않으려고 노력하고 있다. 누구를 만나든 우리가 지녀야 할 올바른 태도는 회의적이면서도 그를 존중하는 것이다. 상대방의 부정적인 모습과 어두운 면을 용납함으로써, 우리는 하나님이 우리를 용납하시듯 다른 사람을 용납할 수 있다. 진실하고 참된 용납은 약점에서 출발한다.

그렇게 함으로써 우리는 다른 사람 안에 있는 장점까지 이끌어낼 수 있다. 거기에는 두려움도, 거절에 대한 공포도, 홀로 버려질 가능성도 없다. 부정적인 면을 이미 다루었기 때문이다. 이제 각자에게 숨어 있던 놀라운 부분이 나타나기 시작한다. 프레드릭 뷰크너가 말했듯, "상대방의 추한 모든 모습을 사랑할 수 있을 때, 우리는 비로소 그 사람과 자기 자신을 아름답게 만들 수 있다."

구원을 베푸는 사랑의 영

우리를 있는 모습 그대로 용납하시는 하나님을 경험하고, 빛 가운데서 자신의 어두운 면까지 내 것으로 인정하기 시작할 때, 비로소 우리는 하나님 앞에 쓰임 받는 사람이 된다. 하나님은 역사의 흐름을 변화시키기 위해 이러한 용납을 경험한 사람들을 사용하셨다.

에블린 언더힐은 몇 사람을 예로 든다. "문둥병자를 향한 성 프란시스의 특별한 헌신과 '저에게 당신의 죄를 씌워주세요'라고 말했던 시에나의 성 캐더린St. Catherine of Sienna을 생각해보라. 아니면 '그를 잘 아는 것을 보니 당신은 술고래이거나 범죄자임에 틀림없소'라는 말을 들었던 웨인라이트 신부Father Wainright를 생각해보라. 그들의 삶을 가리켜 구원을 베푸는 사랑의 영을 위한 통로라고 밖에 달리 어떻게 말하겠는가?"

우리 안에 사랑을 허락하신 하나님은 우리 역시 다른 사람들에게 그와 같이 하도록 하셨다. 토마스 머튼은 그에 대해 이같이 말했다. "우리 안에 있는 사랑은 사람들을 향한 하나님의 신비롭고도 무한한 사랑의 상징이다." 하나님이 우리를 용납하셨듯 서로를 용납할 수 있는 것은 분명 신성한 선물이다. 토마스 머튼이 쓴 '상징'이라는 단어는, 우리 자신이 내면적이며 영적인 은혜를 겉으로 드러내는 징표가 된다는 사실을 멋지게 설명해주고 있다.

영광의 훈장

어느 여름, 양로원의 원목으로 일하고 있을 때였다. 그 일을 시작한 지 얼마 지나지 않아 나는 얼이란 사람이 적어도 매일 한 시간씩 나를 독점하려 한다는 사실을 알았다. 그는 커피를 마시자며 나를 방에 초대하고는 한 시간 넘게 눈물을 흘리며 아내를 잃은 슬픔을 토로했다. 그의 아내는 죽지는 않았지만 심각한 노인성 치매를 앓고 있었으며 남편을 알아보지도 못했다.

얼은 내 손을 잡곤 했는데, 사랑하는 릴라를 생각하며 흐느낄 때면

잡은 손을 더 세게 쥐었다. 릴라는 옆 건물에 살았지만, 그 건물은 수백 미터나 떨어진 곳에 있었다.

날이 갈수록 나는 얼을 만나는 것이 두려워졌다. 그의 방에선 고약한 냄새가 났다. 얼에게서도 고약한 냄새가 났다. 나는 단순히 그가 따듯하게 기대는 의자에 불과했다. 그의 말을 듣는 다른 사람들도 마찬가지였다. 나는 마네킹처럼 움직이지 않고 조용히 옆에 앉아서 매일 한 시간 동안 그의 손을 잡고 있었다.

그에게는 나의 충고가 필요 없었다. 문제를 해결할 수도 없었다. 해결책은 없고, 고통과 기다림과 절망만 있을 뿐이었다.

"얼을 만나는 데 신물이 났어요." 나는 원장에게 말했다.

"그에게는 당신이 필요해요. 제임스, 당신도 알고 있잖아요?"

"그는 그저 말을 들어줄 사람이 필요한 겁니다. 제가 우연히 그 역할을 맡게 된 거고요. 그가 꼭 저를 필요로 하는 건 아닙니다." 나는 이렇게 주장했다.

"아니요, 얼은 당신이 필요해요. 그렇게 생각하는 건 당신이 그걸 깨닫지 못해서예요. 얼이 당신을 사랑하는 것은 당신이 거기 있기 때문입니다. 제임스, 물론 해결책은 없겠죠. 하지만 당신은 그 곁에 있어주고 있어요. 바로 그게 얼에게 필요한 전부입니다. 당신이 그의 곁에 있을 때 바로 예수님이 그 곁에 임하게 되는 것입니다." 그녀는 단호하게 말했다.

여름이 끝나갈 무렵, 나는 마지막으로 얼에게 들렀다. 나는 양로원에서의 근무 기간이 끝나 기뻤다. 얼은 나를 반기면서 마지막 커피를 건넸다. 그리고 방 안에 들어갔다가 다시 나왔을 때 그의 손에는 전쟁에서 받은 훈장이 담긴 상자가 들려 있었다. 입에 침이 마르도록 그 훈장에 대해 이야기하던 기억이 났다. 그것은 얼이 인생에서 이룬 업적의 상징이었으며 가장 자랑스럽게 여기는 물건이었다.

"이것을 주고 싶네."

"저는 그걸 받을 수 없어요. 마음만으로도 고맙습니다." 나는 놀라며 말했다.

"자네가 매일 와준 것이 얼마나 큰 힘이 되었는지 모를 거야. 그것은 내가 의지할 수 있는 모든 것이었네. 자네는 한 번도 나를 탓하지 않고, 계속 들어주었지. 심지어 어린애처럼 나를 엉엉 울게도 했어. 제발 훈장을 받아주게. 나를 위해." 얼은 말했다.

나는 그 훈장을 결코 받을 수 없었다. 얼은 그의 용맹을 치하하는 훈장을 받을 자격이 있었지만, 이기적이던 나는 기껏해야 배지나 어울릴 사람이었다. 그는 외로움, 공포 그리고 슬픔과의 진짜 전쟁에서 인내한 사람이었다. 나는 매일 집으로 돌아와 가족들과 친구들을 만나 웃고 미래에 대한 기대감을 나누었다. 하지만 얼은 눈물로 잠자리에 들어갔다.

그해 여름 내게 주어진 사역은 얼을 영적으로 인도하는 것이었지만 오히려 얼은 내가 영적으로 자라게 해주었다. 예수님은 우리가 병자와 갇힌 자, 외로운 자(얼은 이 세 경우에 다 해당되었다)를 방문할 때, 사실은 예수님 자신을 방문하는 것이라고 말씀하셨다(마태복음 25장 참조). 몇 년 후 그 여름의 사역을 회상하면서 떠오르는 것은 얼뿐이었다.

용납은 결점을 못 본 체하는 것이 아니다

한 사람을 온전히 조건 없이 용납하는 것은 그 사람의 결점을 못 본 체하거나 잘못된 행동을 합리화하거나 그 사람의 부족한 부분을 애써 부인하라는 뜻이 아니다. 진정으로 용납하기 위해 우리는 어두운 면을 알아야 한다. 그러나 아는 것은 간과하는 것이 아니다.

나는 형제나 자매가 나의 죄에 대해 변명해주기를 원하지 않는다. 그들이 나의 결점을 간과하고 부족한 부분을 합리화시켜주는 것은 진정 나를 사랑하는 것이 아니다. 나는 언제나 내 안에서 소망을 품으며, 나에게 많은 성장을 기대하고, 할 수 있는 한 내가 온전하고 완전한 사람이 되길 바라는 사람이 필요하다. 있는 그대로 나를 용납하고 난 후에 있는 그대로 나를 내버려두는 것은 사랑이 아니다. 그것은 무관심이다.

성 어거스틴은 이렇게 말했다. "진정한 형제는 내 안에 좋은 점을 발견하고 마음으로 함께 기뻐하며, 죄를 발견했을 때는 함께 가슴 아파하는 사람이다. 내가 선한 모습일 때나 악한 모습일 때나 변함없이 사랑하는 그들이 진정한 형제들이다. 이런 사람들에게 나는 있는 그대로 나를 드러낼 수 있다."

사랑의 경제학

서로를 용납하는 것은 하나님이 주시는 은사다. 그것은 하나님이 먼저 우리에게 다가와 무조건적으로 용납해주시는 데서 출발한다. 그런 하나님의 용납은 우리 마음을 채우고 우리가 자신을 동일하게 용납할 수 있게 해줄 것이다. 그리고 이런 용납은 우리 마음에서 우리 삶으로 흘러 우리가 만나는 모든 사람들에게로 흐르게 될 것이다.

우리를 향한 하나님의 사랑에는 한계가 없다. 그 사랑의 경제학에 따르면 우리는 주면 줄수록 더 많이 주어야 한다. 아무리 많이 퍼준다 하더라도, 하나님의 사랑은 마르지 않는다. 그 사랑이 모자라는 일은 절대로 없다. 그러나 사랑은 받은 만큼만 줄 수 있는 것이며, 내가 받은 사랑의 분량은 내가 그 사랑을 얼마나 많이 알고 느끼며 주기를 열망하는지를 정확히 보여준다.

바울은 그리스도인의 삶을 커다란 보배로 가득 차 있는 질그릇에 비유했다. "우리가 이 보배를 질그릇에 가졌으니 이는 능력의 심히 큰 것이 하나님께 있고 우리에게 있지 아니함을 알게 하려 함이라" (고후 4:7). 당신과 나는 단지 질그릇일 뿐이다. 질그릇 그 자체는 중요하지 않다. 중요한 것은 그 안에 담긴 보배다.

서로를 조건 없이 용납할 만한 능력이 없다고 느끼는가? 사실이다. 우리는 하나님과 동일한 사랑을 할 수 있는 능력이 없다. 그러나 그러한 용납을 애써 만들어낼 필요가 없다는 것은 얼마나 감사한 일인가! 우리가 해야 할 일은 하나님의 용납을 주위 사람들에게 나눠주는 것뿐이다. 우리는 서로에게 이렇게 이야기해야 한다. "이 보배를 봐. 이 보물을 봐. 모두 네 거야." 그 보배를 나누던 어느날 우리는 신기하게도 우리 안에 있는 보배가 줄어들지 않고 오히려 늘어났다는 것을 발견하게 될 것이다.

함께 생각해볼 문제

1. "상대방을 온전히 용납해주는 사람들, 그들의 목소리와 눈빛 속에서 우리는 지금 모습 그대로 있어도 된다는 속삭임을 듣는다. 우리는 자신을 꾸밀 필요도, 가장할 이유도 없다."
— 무슨 말을 털어놓아도 당신을 용납해주는 사람이 주위에 있습니까? 반대로 당신은 주위 사람이 아픔과 고통을 털어놓을 때 어떻게 반응합니까?

2. "사람들을 있는 모습 그대로 인정하는 것이 용납의 상당 부분을 차지한다. 그들의 독특한 성격, 아름다움, 결점 등 모든 것을 있는 그대로 받아들이는 것이다. 이렇게 말하기는 쉽지만 행하기는 어렵다는 것을 잘 안다. 다른 사람이 내가 바라는 모습으로 변할 때까지 기다리는 한 나는 그 어떤 사람도 용납할 수 없을 것이다."
— 주위 사람들을 현재 모습 그대로 받아들이며 사랑하고 있습니까? 혹시 눈에 보이는 결점을 애써 부인하고 있지 않습니까?

3. 얼과 같이 당신의 사랑과 관심이 필요한 사람을 만난 적이 있습니까? 그렇다면 그 사람을 어떻게 대해주었습니까? 현재 주위에 얼과 같은 사람이 있다면, 어떻게 대해야 할지 생각해보십시오.

PART 2

하나님의 용서를 받아들이기

Receiving God's Forgiveness

4장_ 단번에, 아무런 조건 없이

하나님의 용서는 우리의 대담한 용기를 요구한다.
용서는 석판을 스펀지로 닦아내듯 쉽게 이루어지는 일이 아니다.
그것은 단호하고 고통스런 과정이자,
영혼의 무질서한 사랑의 질서를 다시 세우고 그릇된 것을 바로잡으며
모든 악으로부터 씻어내고 죄로부터 깨끗케 하는 것이다.
— 에블린 언더힐

어느날 리치 멀린스라는 친구가 애팔래치아 산맥의 오솔길을 걸어가고 있을 때, 한 젊은 남자가 차를 세운 뒤 다음 캠프장까지 태워주겠다고 했다. 제법 긴 시간 동안 차 안에서 대화를 나누던 끝에 그는 리치에게 말했다. "저기, 저는 게이입니다."

"아, 그러세요? 저는 그리스도인입니다." 리치는 대답했다.

"이제 저에 대해 아셨으니 차에서 내리고 싶겠네요?" 젊은이가 물었다.

"아니오. 당신과 즐거운 시간을 보냈는데 그 사실을 알았다고 해서 뭐가 달라지겠어요?"

"저는 그리스도인들이 게이를 싫어하는 줄 알았습니다."

"그리스도인은 누구나 사랑합니다." 리치는 대답했다.

"음, 하나님은 게이를 미워하시잖아요."

"제가 알고 있기로 하나님은 사랑이십니다. 그 사실을 바꿀 수 있는 변수는 없다고 생각합니다." 리치는 대답했다.

어둠 속에서 차를 타고 오는 두 사람 사이에 잠깐 침묵이 흘렀다. 그 젊은이는 진지하고 침착한 목소리로 물었다. "저는 게이이기 때문에 지옥에 가야 합니까?"

리치는 그렇다고 말하려 했다. '그래요. 당신은 게이니까 지옥에 가야겠죠.'라는 말이 속에서 들끓었다. 그러나 놀라운 일이 일어났다. 리치도 자신의 입에서 나오는 충격적인 말에 놀랐다.

"아니요, 게이라고 해서 지옥에 가야 하는 건 아닙니다." 리치는 자신의 입에서 나오는 목소리를 들었다. 의도와는 다르게 불쑥 나온 말에 깜짝 놀란 리치는 자신이 어떻게 그 말을 하게 되었을까 궁금해졌다.

리치는 하나님이 허락하시지 않은 것을 자기 마음대로 그에게 허락한 것 같아 염려스러웠다. 그러나 그와 동시에 그는 한 가지 사실을 깨달았다. 리치의 마음은 참되고 진실한 한 가지 사실에 눈뜨게 되었으며, 그 사실을 말해주는 순간에도 그 진리는 리치의 마음을 울리고 있었다. "게이라고 해서 거짓말쟁이, 도둑, 인종차별주의자보다 더 지옥에 가야 마땅한 것은 아닙니다." 리치는 계속해서 말했다. "사람들이 지옥에 가는 이유는 하나님이 우리 모두에게 주기를 간절히 원하시는 은혜와 용서를 거절했기 때문입니다."

젊은 남자는 울기 시작했다. "평생 그런 이야기는 처음 들어보았어요." 그 두 사람은 친구가 되어 헤어졌다.

리치가 그 이야기를 했을 때, 나는 우리 삶과 교차되지 않는 복음의 메시지는 정말 참된 것이 아니라는 생각이 들었다. 사람들은 대부분 복음을 안다고 생각하지만, 실제로 그들이 들은 것은 아무것도 없다. 우리는 완전히 용납하고 용서하며 돌보아주시는 하나님의 복음을 들었다고 생각하지만, 인간의 결단과 현실 속에서 그 가치를 인정받기 전까지 복음은 경건한 상투어에 불과하다.

용납과 용서

그 젊은이는 하나님의 용서를 깨닫기 전에 하나님이 용납하셨다는 소식을 들어야 했다. 우리 역시 죄의 문제를 다루기 전에 하나님의 무조건적인 사랑과 용납을 받았다는 사실을 알아야 한다. 피터 밴 브리먼은 이렇게 말했다. "하나님의 용납을 받아들이고 그것에 한계가 없다는 사실을 진정으로 믿을 때, 우리는 죄악을 고백할 수 있다."

그 젊은이는 리치와 함께 오랜 시간 차를 타고 가면서 자신이 게이라는 고통스러운 비밀을 털어놓을 만큼 받아들여졌다고 느꼈던 것이다. 리치가 그를 거부하지 않았기에 그는 자신을 괴롭히던 그 문제 속으로 더 깊이 들어갈 수 있었다. 용납받고 있음을 알 때 우리는 고통스러운 문제를 겉으로 드러내고 하나님이 그 문제를 치유하시도록 내어드리게 된다.

나를 있는 모습 그대로 하나님이 용납하셨다는 사실을 진정으로 의심 없이 믿게 된 이후, 전에는 알지 못했던 방법으로 나의 어두운 내면을 들여다볼 수 있는 자유를 느꼈다. 하나님이 나의 모든 부분을 사랑하고 용납하신다는 사실을 이해하기 전에는 그분이 나의 고통 가운데 오시는 것을 허락하지 못했다. 나는 거절이라는 두려움으로 마비되어 죄를 어두운 곳에 감추어두었다. 악은 어둠 가운데 남아 있는 한 계속해서 우리 삶에 영향력을 행사할 것이다. 하나님의 은혜로 우리 죄를 빛으로 가져갈 때, 악은 그 힘을 잃는다.

우리 모두가 싸우고 있다

영혼의 대적들은 온갖 노력을 다해 우리가 자신의 싸움을 하나님 그리고 다른 사람과 나누지 못하게 한다. 몇몇 그릇된 개념들, 즉 미묘한 거짓말들을 믿을 때 우리는 자신을 있는 모습 그대로 드러내지 못한다. 첫 번째 거짓말은 "이 싸움을 벌이고 있는 사람은 나 혼자"라는 생각이다. 이러한 죄악과 싸우고 있는 사람은 자기 혼자라고 믿는 것은 매우 어리석은 일이다.

청년 몇 명과 함께 제자 훈련을 위한 소그룹 활동을 했던 기억이 난다. 몇 주 동안 우리는 쉽게 용인할 수 있는 죄에 대해서만 나누었다. 약간 화를 냈던 것, 무력감을 느꼈던 것, 가벼운 거짓말을 했던 것 등 말이다.

그러던 어느날 한 조원이 위험을 무릅쓰고 지금도 한 가지 실제적인 죄와 싸우고 있음을 털어놓았다. 그를 판단하는 사람은 아무도 없었다. 그 모임의 참여자들은 그를 진실로 용납했고 오히려 그가 그 죄를 고백한 것을 고맙게 여겼다. 그리고 한 사람, 한 사람씩 마음을 열고 자신의 싸움에 대해 고백했다.

두 번째 그릇된 개념은 이것이다. "그리스도인이 된 후로는 절대 유혹에 넘어가선 안돼. 예수님이 너를 죄에서 구하셨으니까." 브레넌 매닝은 성직자이면서 동시에 알코올 중독자로 살았던 과거에 대해 이야기한 바 있다. 많은 사람들이 그 얘기를 듣고 놀라면서 어떻게 '구원' 받은 사람이 죄의 덫에 걸리고 중독자가 될 수 있냐며 이상히 여겼다. 그러자 브레넌은 이렇게 말했다.

외로움과 실패에 멍들며 고통 당했기 때문에, 낙담하고 확신이 없었기 때문에, 죄에 짓눌리고 예수님을 올바로 바라보지 못했기에 그것은 가능하다. 예수님과 만났다고 해서 내가 천사가 된 것은 아니기에 그것은 가능하다. 믿음으로 말미암아 은혜 가운데 의롭게 된다는 것은 내가 하나님과의 바른 관계에 접어들었다는 것을 의미하지, 수술대 위에 마취된 채 누워 있는 환자와 같이 됐다는 뜻이 아니기에 그것은 가능하다.

하나님의 은혜에 응답하고, 그분의 놀라운 용납을 받아들여도 우리는 여전히 실수할 수 있다. 예수님을 알고 사랑한다고 해서 죄악으로부터 면역이 되지는 않는다.

우리 모두는 죄와 싸우고 있다. 내가 아는 모든 사람은 바울이 로

마서 8장 4-13절에서 묘사한 바와 같이 영과 육 사이의 갈등으로 인해 씨름하고 있다. 그 싸움은 예수님을 믿는다고 해서 끝나지 않았다. 사실 그 싸움은 믿음을 가지면서 시작될 따름이다. 이 내적인 전쟁에서 면제된 사람은 아무도 없다.

얼굴만 봐서는 모른다

한번은 목회자와 교회 지도자들과 함께 수련회를 가진 적이 있다. 우리는 이틀 동안 강의를 듣고 활발히 토론도 벌였다. 커피를 마시면서 이야기도 나누고 함께 산책하면서 서로 어떤 사람인지 조금씩 알아갔다.

마지막 날 저녁에는 성찬식이 있었다. 목사 가운데 한 분이 서로를 축복하는 기도회를 열어, 사람들이 서로의 상처를 나누고 죄를 고백하는 시간을 갖자고 제안했다. 나는 물었다. "과연 누가 올까요? 모두 교회 지도자들이지 않습니까? 정말 그들이 그 자리에 오고 싶어 할까요?"

그날밤, 수련회에 참가한 거의 모든 사람들이 개인 고백 시간에 나아왔다. 나는 그들이 그렇게 힘들게 죄와 싸우고 있는지 몰랐다. 그들 역시 내가 이렇게 힘들게 죄와 싸우고 있으며, 내적인 전쟁에서 지고 있다는 사실을 몰랐을 것이다. 얼굴만 봐서는 모른다.

사람들은 자신의 부족과 허물, 자신이 저지른 잘못과 과거의 실수, 그리고 현재 자신을 지배하고 있는 악의 세력 등에 대해 때론 매우 구체적으로 고백했고, 나는 그저 듣기만 했다. 그리고 그들의 머리에 손을 얹고 하나님의 이름으로 죄가 사해졌음을 선포했다. 그들 중 한 사람이 나에게도 같은 기회를 주었다. 나 역시 은밀하게 싸우고 있던 죄들을 빛 앞에 내어놓을 수 있었다.

그 이후로 우리 얼굴은 달라보였다. 우리는 밝게 빛났다. 그날밤 늦게까지 나는 우리 모두, 말 그대로 우리 모두가 얼마나 힘겹게 죄와 싸우고 있는지 생각했다. 한 가지 이상한 것이 있었다. 그들의 얼굴은 기억났지만, 죄는 기억나지 않았다. 하나님도 그러시리라고 생각한다.

왜 숨는가?

죄와의 싸움에서 외로움을 느낄 때, 우리는 다른 사람들뿐 아니라 하나님 앞에서도 숨고 있는 자신을 발견한다. 하나님이 벌을 내리고 징책하실까 두려워 부끄러운 행동을 저지른 후에 다시 하나님께 얼굴을 돌리기를 꺼리는 것이다. 하나님의 진노를 당하느니 차라리 그분을 피하는 게 낫다고 합리화한다.

이 또한 잘못된 개념으로, 이런 생각을 갖고 있으면, 자유 가운데 걸으며 하나님과 동행하는 즐거운 삶을 살 수 없다. 결과적으로 우리는 치유를 원하면서도 사실상 치유하실 수 있는 유일한 분에게서 도망치고 있는 셈이다.

해서는 안 된다는 사실을 잘 알고 있던 일을 저지르고 난 뒤, 아담과 하와는 하나님으로부터 숨었다. 하나님은 그들이 어디 있는지 알고 계셨지만 친히 찾아다니며 그들을 부르셨다. "아담아, 네가 어디 있느냐?" 하나님은 아담과 하와에게 다가와 그들이 새롭게 깨달은 벌거벗음을 감춰주기 위해 옷을 만들어주실 정도로 그들을 부드럽고 자상하게 대하셨다(창 3:8 참조).

하나님이 우리를 어떻게 대하실까 확신하지 못해 두려워질 때 우리는 숨는다. 고등학교 시절 어느 쌀쌀한 아침, 차를 운전하다가 실수로 가로수를 들이받고 자동차 범퍼에 흠집을 낸 적이 있었다. 나는 아버지가 핸들을 잡고 있을 때는 조심해야 한다고 호통을 치거나, 운이 나쁠 경우 외출 금지를 시키실 게 분명했기에 그 일을 사실대로 말하기가 두려웠다.

그러나 사실대로 말씀드렸을 때, 아버지는 자동차가 망가진 것에 화를 내지 않고, 나의 안전에 대해서만 염려하셨다. 더 중요한 것은, 내가 솔직히 말씀드리기를 꺼려했다는 사실에 마음 아파하셨다는 것이다. "제임스, 내게 오는 것을 절대 겁내지 마라. 네가 무슨 일을 하든 나는 너를 사랑한단다."

용서하시는 하나님

잘못을 저지르고 하나님께 나아가기를 주저하는 우리를 바라보시는 하나님의 마음도 이와 같지 않을까? 그분이 우리를 벌주실 것이라고 지레 겁을 먹는 한, 우리는 아직 하나님을 잘 모르는 것이다. 하나님은 그동안 우리가 해온 일보다 우리 존재 자체에 관심이 많으시다. 너무나 많은 사람들이 하나님을 용서하시는 분이 아닌 책망하시는 분으로 생각해 사랑 많으신 하늘 아버지 앞에서 즐겁고 자유롭게 사는 기쁨을 놓치고 있다.

하나님은 용서하시는 하나님이다. 아니, 하나님은 용서하기를 기뻐하신다. 우리가 하나님으로부터 독립하겠다며 달아날 때마다 하나님은 우리를 불쌍히 여겨 집으로 데려올 방법을 찾으신다. "하나님 마음의 중심에는 주고 싶은 열망, 그리고 용서하고 싶은 열망이 자리 잡고 있다"고 리처드 포스터는 말한다.

용서받고 싶어하는 우리 마음보다 용서를 베풀기 원하는 하나님의 마음이 더 크다. 죄를 짓고 난 후 우울해진 마음에 하나님의 품으로 돌아가기를 주저하며 그분과의 관계를 멀리했던 적이 얼마나 많았는지. 그러나 다시 집으로 돌아올 때마다 하나님은 이미 그곳에 계셨으며 나를 반가이 맞아들이고 용서하며 내가 함께 있는 것, 그 이상은 아무것도 바라지 않으셨다.

예수님은 탕자의 비유에서 용서하시는 하나님의 마음을 아름답게 묘사하셨다(눅 15:11-32). 방탕한 아들이 마침내 정신을 차리고 그의 아버지가 계신 집으로 돌아가기로 마음먹었을 때, 그는 심판을 예상했으나 대신 자비를 얻었다.

내가 일어나 아버지께 가서 이르기를 아버지 내가 하늘과 아버지께 죄를 지었사오니 지금부터는 아버지의 아들이라 일컬음을 감당하지 못하겠나이다 나를 품꾼의 하나로 보소서 하리라 하고 이에 일어나서 아버지께로 돌아가니라 아직도 거리가 먼데 아버지가 그를 보고 측은히 여겨 달려가 목을 안고 입을 맞추니(눅 15:18-20).

그 아들과 같이 우리 역시 하나님께로 돌아가면 어떻게든 벌을 받을 것이라 생각하며 종종 두려워한다. 그러나 비유에 나오는 아버지처럼 하나님은 자녀가 돌아올 때 '측은히 여겨' 우리를 만나러 맨발로 달려나와 품에 안고 입을 맞추신다.

하나님이 이루신 용서

하나님은 우리가 용서를 구하기도 전에 용서할 만큼 우리를 많이 사랑하신다. 십자가를 볼 때마다 그 사실을 깨닫는다. 우리가 태어나기도 전에 하나님은 아들을 희생시키사 우리와의 관계를 화목케 하셨다. 이렇게 하신 이유가 무엇인가? 하나님이 죽으셔야 했던 이유가 무엇인가? 하나님이 이루신 용서를 이해하기 위해 성경으로 돌아가보자.

하나님이 이스라엘 민족을 광야 가운데로 모으실 때 한 가지 언약을 맺으셨는데, 계약 또는 협정이라 할 수 있는 그 언약의 말씀은 다음과 같다. "너희를 내 백성으로 삼고 나는 너희의 하나님이 되리니"(출 6:7). 하나님은 모세를 통해 이스라엘 백성들에게 그들의 죄는 피흘림을 통해 용서받게 될 것이라고 말씀하셨다. "율법을 따라 거의 모든 물건이 피로써 정결하게 되나니 피흘림이 없은즉 사함이 없느니라"(히 9:22).

유대인들에게 용서라는 개념은 항상 피흘림의 과정을 수반했는데, 이는 죄의 삯이 사망이기 때문이었다(롬 6:23). 희생 제물이 된 동물은 죄를 지은 사람을 대신하여 그 죄값을 치르기 위해 도살당했다(레 9:15).

속죄 제사 제도가 워낙 낯선 개념이라 많은 사람들이 이 같은 의식을 이해하기 어려워한다. 그러나 예수님 시대에 그것은 낯선 개념이 아니었다. 세례 요한이 예수님을 "세상 죄를 지고 가는 하나님의 어린 양"(요 1:29)이라고 말했을 때, 그는 예수님의 죽음이 세상 전체와 하나님과의 관계에 커다란 영향을 미칠 것이라는 사실을 예견하고 있었던 것이다. 이제 죄를 더이상 가릴 필요가 없다('속죄^{atonement}'는 '가리다^{cover}'를 뜻한다). 죄를 가리는 것의 효과는 일시적일 뿐이지만, 죄를 없애는 것의 효과는 영원하다.

언약의 성취

예수님의 십자가는 속죄 제사의 완성이다. 예수님 안에서 우리는 아브라함과 이삭, 모세와 이사야가 받았던 약속의 성취를 볼 수 있다. 예레미야는 하나님이 그분의 백성과 새로운 언약을 세우시는 날에 대해 예언했다. "그들이 다시는 각기 이웃과 형제를 가리켜 이르기를 여호와를 알라 하지 아니하리니 이는 작은 자로부터 큰 자까지 다 나를 알기 때문이라 내가 그들의 악행을 사하고 다시는 그 죄를 기억하지 아니하리라 여호와의 말씀이니라"(렘 31:34).

모세 시대에 제사장들은 날마다 희생 제물을 드려야 했지만 예수님은 모든 사람을 위해 단번에 제사를 드리는 것으로 족했다. "그는 저 대제사장들이 먼저 자기 죄를 위하고 다음에 백성의 죄를 위하여 날마다 제사드리는 것과 같이 할 필요가 없으니 이는 그가 단번에 자기를 드려 이루셨음이라"(히 7:27).

예수님이 마지막으로 "다 이루었다"(요 19:30)고 말씀하신 것도 이런 이유에서였다. 예수님은 사역을 완성하셨다. 모든 사역은 이루어졌으며 그것을 반복할 필요가 없었다.

예수님의 죽음에서 우리는 우리를 용서하시려는 하나님의 간절한 마음을 엿볼 수 있다. 하나님이 허락하시는 용서는 모든 시대, 모든 사람에게 적용되었다. 예수님의 죽음에 영향을 받지 않는 사람은 산 자와 죽은 자를 통틀어 아무도 없다. 십자가 상에서 예수님은 영원히 속삭이신다. "나는 너를 용서한단다, 나는 너를 용서한단다, 나는 너를 용서한단다."

우리가 하나님께 돌아가려고 생각하기도 전에, 하나님은 우리를 위해 일하심으로 우리를 용서하셨다. 하나님은 용서 그 자체이시다.

우리에게 화평을

그분의 용서가 우리에게 의미하는 바는 무엇인가? 그것은 하나님이 그리스도 안에서 우리를 거스르고 대적하는 의문에 쓴 증서를 도

말하시고 제하여 버리사 십자가에 못 박으셨음을 의미한다(골 2:14 참조). 이제 우리는 하나님과 화평을 누릴 수 있다. 우리와 하나님 사이에 끼어들 것은 없다. 이러한 용서를 결정하신 분은 하나님이지 우리가 아니다. 결코 깨어질 수 없는 화평을 우리는 받은 것이다.

"우리가 믿음으로 의롭다 하심을 받았으니 우리 주 예수 그리스도로 말미암아 하나님과 화평을 누리자"(롬 5:1)고 바울은 말한다. 또 바울은 "그러므로 이제 그리스도 예수 안에 있는 자에게는 결코 정죄함이 없나니"(롬 8:1)라고 말한다. 하나님은 우리에게 내려오셔서 화평을 이루시고 우리 죄를 씻으며 정죄할 만한 모든 것을 깨끗이 없애셨다.

더이상의 속죄 제사는 필요 없다. 더이상 피를 흘릴 필요도 없다. 십자가에서 돌아가신 예수님의 죽음으로 필요한 모든 것은 이루어졌다. 그러므로 날마다 하나님 앞에서 우리 모습에 대해 걱정할 필요도, 용서받기 위한 다른 방법을 강구할 필요도 없다. 그리스도 안에서 우리는 용서받기만 하면 된다. 그것은 하나님이 우리에게, 그리고 그것을 받아들이는 모든 사람에게 주시는 선물이다.

하나님의 용서를 받아들이라

용서받기 위해 우리가 한 일도, 또한 앞으로 할 수 있는 일도 없다. 바로 이런 이유로 많은 사람들은 용서를 받아들이기를 거부한다. 우리는 늘 자신을 잘 관리하는 가치 있는 존재로 인정받고 싶어하고,

그렇기에 용서받을 자격이 있다는 점을 증명하고 싶어한다. 그러나 아무리 노력한다 해도 하나님의 용서를 얻어낼 수 없다. 그럼에도 우리 마음에는 여전히 스스로 노력해보려는 욕구가 남아 있다.

나 역시 완전하고 궁극적인 하나님의 용서를 믿는 것이 쉽지 않았다. 진리로 받아들이기엔 그 조건은 지나치게 좋았다. 어떻게 사람이 회개의 눈물을 흘리거나 되돌려놓겠다는 약속도 하지 않고 용서받을 수 있는지 이해할 수 없었다.

하나님의 용서를 받아들이는 데 가장 큰 걸림돌은 하나님의 제안을 있는 그대로 받아들이기를 꺼려하는 마음이다. 우리는 그 위에 무엇인가를 덧붙이고 수정하고 조정하여 더 현실적인 것으로 바꾸고 싶어한다.

정말이지 단번에 우리의 모든 죄를 용서할 사람이 누가 있는가? 죄를 짓기도 전에 용서할 사람이 누가 있는가? 용서를 구하기도 전에 용서할 사람이 누가 있는가? 오직 하나님만이 그렇게 하실 수 있다. 나는 그동안 생각해온 나의 기준을 내던지고 은혜로운 하나님의 초청을 단순하게 받아들여야 했다.

가장 나를 아프게 했던 것은 나의 자존심이었다. 용서를 얻어내기 위한 나만의 방법을 고집하는 한, 나를 다스리는 것은 다름아닌 나였다. 용서를 베푸시는 하나님의 제안을 받아들이는 과정에서 나는 겸손해질 수밖에 없었다. 하나님의 용서를 받아들이기 위해 내가 할 수 있는 것은 전혀 없었기 때문이다. 내가 할 수 있는 일은, 그저 경외하는 마음으로 서 있는 것뿐이었다. 덧붙여 말해, 그곳은 머물러 있기에 너무나 좋은 자리였다.

약속, 그리고 길

"당신이 용서받았다는 것을 어떻게 알 수 있습니까?"라는 질문을 받는다면, 나는 십자가를 가리킬 수밖에 없다. 나는 내 감정에 의존할 수도, 논리적으로 설명할 수도 없다. "십자가의 도가 멸망하는 자들에게는 미련한 것이요 구원을 받는 우리에게는 하나님의 능력이라"(고전 1:18). 하나님의 용서는 우리에게 주신 약속이지만, 그것을 내면화하기까지는 시간이 걸린다.

용서에 대한 하나님의 제안을 받아들이는 것은 하룻밤 사이에 일어나지 않는다. 그 속에 잠겨 그 진리가 생각에서 마음으로 스며드는 시간이 필요하다. 그리스도인의 삶은 탐사 여행을 위해 '길'을 떠나는 것과 같다. 그 길에서 우리는 하나님이 주신 약속들을 감지하고 그 약속들을 누리기 시작한다. 하나님의 용서는 우리가 의지할 만한 굳건한 사실이지만, 우리는 일상 가운데 그 사실을 깨달아야 한다.

존 웨슬리John Wesley는 감리교를 창시한 18세기 신학자로, 그리스도인이 된 후 하나님의 용서를 받아들이기까지 35년이란 세월이 걸렸다. 그는 스스로 그 메시지를 믿기 전에도 안수받은 목사로서 13년을 일했으며 셀 수 없이 많은 사람들에게 복음을 전했다. 친구인 피터 뵐러Peter Böhler는 그에게 말했다. "믿음에 대해 설교하게. 자네가 그것을 믿기까지 말일세." 그로부터 몇 달 후 어느날 저녁, 용서의 메시지가 웨슬리의 영혼에 침투했다. 그는 일기장에 그 경험을 다음과 같이 묘사했다.

저녁 무렵 썩 내키지 않는 마음으로 올더스게이트 거리 집회에 나갔다. 어떤 사람이 루터의 로마서 주석을 읽고 있었다. 8시 45분쯤 그가 그리스도에 대한 믿음을 통해 우리 마음을 변화시키는 하나님의 사역에 대해 설명했을 때, 신기하게도 마음이 따뜻해지는 것을 느꼈다. 오직 그리스도만이 구원을 베푸신다는 사실을 내가 강하게 믿고 있음을 느꼈다. 그분이 내 모든 죄를 씻으사 죄와 사망의 법에서 나를 구원하셨다는 것을 그 순간 확신할 수 있었다.

우리도 웨슬리처럼 완전한 하나님의 용서의 메시지를 받아들이기까지 몇 년이 걸릴지 모른다. 우리는 그 메시지가 자신의 것이 될 때까지 계속해서 듣고 가르치고 전해야 한다. 그렇게 할 때, 우리 마음도 '신기하게 따뜻해지는' 경험을 기대할 수 있다.

고백, 은혜의 수단

이런 질문을 종종 받는다. "그렇다면 죄를 고백하고 회개하는 건 뭐지요? 용서를 받기 위해 필요한 게 아닌가요?"

고백과 회개는 용서를 확보하기 위해 필요한 것이 아니라 용서를 경험하기 위해 필요한 것이다. 용서를 베풀어주는 유일한 것은 희생적인 그리스도의 죽음이다. 다른 어떤 것도 우리에게 용서를 가져다주지 못한다.

이 시대의 위대한 설교가 찰스 스탠리$^{Charles\ Stanley}$는 이렇게 썼다.

"죄에 대한 고백, 회개, 그리고 믿음은 용서를 경험하는 데 필요한 필수 요소들이긴 하지만, 용서의 기반을 이루지는 않는다. 용서의 기반은 십자가에 달리신 예수 그리스도가 희생적으로 대신 당하신 죽음이다."

고백한다고 해서 용서를 얻어낼 수 없다. 그러나 고백을 통해 자신이 실패했음을 인정하며, 하나님과 교제하는 통로가 열리고 자연스러운 변화가 일어난다. 죄를 저질렀을 때 가장 중요한 것은 그 죄를 깨끗이 씻어내거나 제거하는 것이 아니다. 무엇보다 그 죄의 원인을 다루는 것이 중요하다.

하나님이 나를 용서하기 원하신다는 것을 알고부터 나는 하나님께 얼굴을 돌려 죄악된 나의 행동이 잘못되었음을 인정할 수 있었다. 그리고 하나님과 친밀한 교제를 나눌 만큼 자유로워졌을 때, 하나님과 함께 내가 저지른 죄의 원인에 대해 의논하기 시작했다.

이제 나는 이렇게 말할 수 있다. "하나님, 제가 어리석었습니다. 정말 죄송해요. 저의 죄를 용서해주시니 감사합니다. 이제 제 마음을 가르치사 그 안에 무엇이 있는지 보여주시고, 무엇 때문에 제가 그런 죄를 저지르게 되었는지 밝히 드러내주세요. 그 원인을 해결하고 싶습니다."

고백은 은혜의 수단이다. 그것은 의무가 아닌 특권이다. 고백을 통해 우리는 자신을 공격해온 악에 대해 하나님이 역사하시도록 요청할 수 있다. 하나님과 연합하고자 노력하는 것이 과거로부터 벗어나고자 노력하는 것보다 훨씬 중요하다. 각자의 죄가 아닌 하나님께 집중할 때, 우리는 문제를 해결할 수 있다.

용서는 삶의 초점을 바꾼다

어린 시절 나는 자전거를 곧잘 탔다. 강물 위에 놓인 좁은 다리를 지날 때는 항상 강으로 떨어질까봐 무서웠다. 자전거를 탈 때마다 떨어지지 않으려고 가장자리를 바라보았는데 그래도 늘 강 쪽으로 치우쳤다. 어느날 나는 강물이 아닌 길에 초점을 맞춰보기로 했다. 그랬더니 자전거는 다리 위를 똑바로 나아갔고, 나는 안전하게 반대편으로 건너갈 수 있었다.

하나님의 용서를 받아들이고 그 안에서 자유롭게 사는 과정도 이와 같다. 실패하지 않으려고 온 정신을 기울일 때, 나는 늘 실패할 뿐이었다. 죄를 짓지 않으려고 열심히 노력했지만, 생각이 온통 죄에 집중되어 있을 때 어느새 나는 죄를 짓고 있었다. 하나님의 용서를 경험한 뒤, 나는 죄가 아닌 하나님을 바라보기 시작했다.

버클리 대학과 스탠포드 대학 학생들로 구성된 밝고 헌신적인 모임에서 하나님의 용서에 대한 메시지를 나눈 적이 있다. 처음에 그들은 완전한 하나님의 용서에 대한 개념을 받아들이지 못했지만, 둘째 날이 지나면서 한 사람 한 사람씩 하나님의 용서를 이해하고 받아들이기 시작하는 것이 눈에 보였다.

나눔의 시간이 끝날 무렵 한 청년이 일어나 말했다. "저는 하나님에 대한 사랑을 잃어가고 있었습니다. 아무도 모르게 하나님을 미워했고, 제가 그리스도인이라는 데 신물이 나려 했습니다. 이제 저는 다시 열정을 찾았습니다. 하나님이 이미 해결하신 속박에 스스로 갇혀 있었다는 사실을 이제야 깨달았습니다." 그리고 이렇게 덧붙였다.

"저는 이제 자유롭게 예수님만을 위해 살게 되었습니다." 이것이야 말로 하나님이 원하시는 모습이 아닐까?

하나님은 하나님 자신이 원하는 조건대로 우리에게 용서를 베푸신다. 즉 용서를 받아들이는 것 외에 우리에게 바라시는 것은 없다. 그로 인해 우리는 예수님이 우리에게 허락하신 생명에 집중할 수 있다. 좌우로 살펴볼 필요가 없다. 오직 우리 눈을 들어 믿음의 주요 온전케 하시는 이인 예수님을 바라보면 된다(히 12:2 참조).

용서는 죄의 원인을 제거한다

우리 아들 제이콥은 거의 두 살이 되었을 때, 남다른 어휘력으로 자신의 세계를 표현하는 데 뛰어난 능력이 있었다. 제이콥이 컵을 던지는 등 잘못된 행동을 할 때면 아내 메간이나 나는 제이콥에게 그것을 다시 갖고 오라고 시켰다. 그리고 이렇게 말했다. "제이콥, 이럴 땐 뭐라고 말해야 하지?" 그러면 제이콥은 대답했다. "죄송해요." 우리는 제이콥이 예의바른 아이로 성장하는 것이 너무나 기뻤다.

그러던 어느날, 그러한 아들의 고백에 문제가 생겼음을 발견했다. 걸을 수 있게 되었을 때, 제이콥은 집안에 있는 전기 콘센트에 강한 집착을 보였다. 우리는 플러그에 손가락을 넣지 말라고 제이콥에게 몇 번이고 이야기했다. 아이도 그러면 안 된다는 것을 알고 있었지만, 어느날 밤 해서는 안 되는 그 일을 하며 웃는 소리가 들렸다. 아들은 나를 보더니 말했다. "아빠, 죄송해요."

제이콥은 죄송하게 생각하고 있지 않았다. 제이콥은 또 플러그에 손가락을 집어넣고 있었다. 세 번이나 똑같은 장난을 쳤을 때 나는 아들에게 말했다. "제이콥, 죄송하다는 말은 잘했지만 내가 정말 원하는 것은 그 행동을 그만두는 거야."

아들에게 그렇게 말하면서 문득 이런 생각이 들었다. 하나님도 우리의 죄를 그냥 없애는 것이 아니라 죄 자체를 다루기 원하실 것이다. 일단 죄를 저지르면 그것으로 끝이다. 아무리 부끄럽게 여겨도 이미 저지른 일을 바꿀 수는 없다. 중요한 것은 다시는 그런 죄를 저지르지 않도록 그 원인을 다루는 것이다. "죄송해요"라고 말은 하면서도, 정작 그분이 우리를 치료하시는 것은 원치 않는다면 하나님의 마음은 얼마나 아프시겠는가?

회개하기 오래 전에 우리는 이미 용서받았다. 그러나 용서를 경험하기 위해서는 회개가 필요하다. 용서받았기 때문에, 용납되었기 때문에, 하나님이 나를 사랑하시기 때문에 나는 자유로이 거룩하게 살 수 있다. 내일부터는 도덕적으로 흠없이 살겠다고 결심하는 것은 회개가 아니다. 결단은 주로 의지력과 관련된 문제로서 지속적인 효과를 기대하기가 어렵다. 결심하는 것보다 기도하는 편이 더 낫다. 기도를 통해 하나님이 살피시도록 자신을 맡기는 것이다. 우리 역시 시편 기자처럼 이렇게 기도하자.

하나님이여 나를 살피사 내 마음을 아시며 나를 시험하사 내 뜻을 아옵소서 내게 무슨 악한 행위가 있나 보시고 나를 영원한 길로 인도하소서(시 139:23-24).

용서는 삶의 질서를 바로잡는다

용서는 석판을 스펀지로 닦아내듯 쉽게 이루어지는 일이 아니다. 그것은 단호하고도 고통스런 과정이다. 그것은 영혼의 무질서한 사랑의 질서를 다시 세우고, 그릇된 것을 바로잡으며, 모든 악으로부터 씻어내고, 죄로부터 깨끗케 하는 것이다.

우리가 받은 용서는 비싼 대가로 주어진 것이다. 우리는 절대로 죄를 과소 평가해서는 안 되며, 용서가 석판을 스펀지로 닦아내듯 쉽게 이루어지는 일이라고 생각해서도 안 된다. 에블린 언더힐이 말했듯, 용서는 '단호하고 고통스런 과정'으로 '영혼의 무질서한 사랑의 질서를 다시 세우는' 과정을 수반한다.

하나님이 우리를 용서하신 것은 우리와 관계를 맺기 원하셨기 때문이다. 우리와 관계를 맺기 원하시기 때문에 그분은 용서하셨다. 그 관계 속에서 우리는 성장하고 치유받으며 온전해질 수 있다.

죄로 인해 찾아오는 고통은 충격적이어서 우리 마음을 무너뜨릴 때도 있다. 오랫동안 하나님으로부터 도망치며 그분의 심판과 벌을 두려워해온 사람이 있을지 모른다. 멀리 떨어진 곳에 홀로 서 계신 하나님, 우리가 그분의 용서를 받아들이지 않아 그분은 심히 마음 아파하신다. 우리가 스스로를 용서하지 못할 때에도 그분은 우리를 용서해주신다. 때때로 나는 그저 앉아서 하나님이 나를 얼마나 사랑하실까 생각해본다.

함께 생각해볼 문제

1. "우리 모두는 죄와 싸우고 있다. 그 싸움은 예수님을 믿는다고 해서 끝나지 않았다. 사실 그 싸움은 믿음을 가지면서 시작될 따름이다."
— 남몰래 싸우고 있는 죄가 있습니까?

2. "고백은 은혜의 수단이다. 그것은 의무가 아닌 특권이다. 하나님과 연합하고자 노력하는 것이 과거로부터 벗어나고자 노력하는 것보다 훨씬 중요하다."
— 이미 우리를 용서하신 하나님은 우리가 하나님께 나아와 죄의 원인에 대해 다루길 원하십니다. 완전한 하나님의 용서를 묵상하며, 남몰래 싸우고 있는 죄에 대해 하나님과 의논하는 시간을 가져보십시오.

3. "'죄송해요'라고 말은 하면서도 정작 그분이 우리를 치료하시는 것은 원치 않는다면 하나님의 마음은 얼마나 아프시겠는가?"
— 혹시 죄송하다고 고백할 뿐 죄로부터 벗어나는 것을 꺼려하고 있지 않습니까? 다시는 그 죄를 저지르지 않도록 하나님의 도우심을 구하십시오.

5장_ 구원받은 내가, 어떻게 그런 죄를?

> 하나님께서 우리를 용서하신다면,
> 우리 역시 자신을 용서해야 한다.
> 그렇게 하지 않으면 자신을 그분보다 더 높은
> 심판자의 자리로 올리는 것이다.
> — C. S. 루이스

절친한 친구와 함께 기도와 고백의 시간을 가지면서, 나는 젊은 시절에 저질렀던 깊고 고통스러운 죄를 털어놓았다. 그 친구는 내 머리에 손을 얹고 기도해주었다. 죄를 저질렀던 과거의 그 순간이 떠오르면서 그때 함께 있었던 사람들과 상황이 재현되고, 나는 현재 시점에서 그때의 일을 다시 경험하게 되었다.

마음속에서 그 장면을 바라볼 수 있게 되었을 때, 그 친구는 그 사건 밖으로 물러나 그저 관찰하라고 말했다. 나는 나 자신을 보았다. 갑자기 내 손을 무언가가 꼭 붙잡는 것을 느꼈다. 바로 그곳에 나와 함께 계셨던 예수님의 손이었다. 예수님과 나는 그저 과거의 내 모습을 응시했다. 그러다 어느 순간 나의 두 눈을 물끄러미 바라보았다. 뭔지 모를 깊은 동정심을 느꼈다.

　나 자신을 안아주고 싶었다. 그래서 다가가 나를 안았다. 바로 그 순간 나 자신과 화해했다. 죄를 단순히 간과하거나 변명하지 않고 그 저 죄인을 용서했는데, 그 죄인은 바로 나였다. 나와 내 죄에 대해 화해와 용서로 다가오셨던 하나님은 내가 나 자신과 내 죄를 대할 때에도 그와 같이 하도록 도와주셨다.

　나의 죄를 하나님이 용서하셨음을 경험했지만, 이 사건이 있기 전까지 나는 오랫동안 나 자신을 용서하지 못했다. 때때로 우리가 저지른 일을 하나님이 용서하셨음을 받아들이는 것은 쉬울 수 있다. 하나님은 용서하시는 하나님이기 때문이다. 그보다 더 어려운 일은 자기가 저지른 일을 자신이 용서하는 일이다.

자신이 저지른 일 용서하기

　내 동생 마이크는 일곱 살 때 아버지에게 더이상 학교에 다니고 싶지 않다고 말했다. 마이크는 집에 있게 해달라고 빌고 애원했다. 아버지는 학교에 가라고 동생을 설득했지만 소용이 없었다. 마침내 아버지가 매를 들겠다고 했는데도 동생이 여전히 학교에 가지 않겠다고 말하자, 아버지는 허리띠를 풀어서 동생을 때리셨다.

　마이크가 학교에 가기 싫어했던 이유는 곧 밝혀졌다. 그가 실수할 때마다 담임 선생이 자로 때렸기 때문이었다. 그 선생은 동생에게 굴

욕감을 주었고 두려움에 움츠러들게 만들었다. 아버지는 마이크가 학교에 가기 싫어했던 이유를 알고 나서, 자리에 주저앉아 울면서 마이크에게 용서를 구했다.

이 이야기를 들은 것은 얼마 되지 않았다. 아버지에게 칠십 평생을 살면서 후회하는 일이 있으셨냐고 여쭈어보았을 때 꼭 한 가지가 있다며 해준 이야기였다. 30년도 지난 일이지만 아버지는 그 이야기를 하며 눈물을 흘리셨다.

너무나 많은 일들로 우리는 자신을 용서하기 힘들어한다. 십대에 저질렀던 경솔한 행동들은 아직도 우리를 괴롭힌다. 다른 사람에게 말로나 행동으로 상처를 주었던 잔인한 일들이 여전히 우리를 따라다닌다. 과거의 문란했던 성관계가 여전히 고통을 준다. 나는 낙태를 했던 사람들, 배우자를 버리고 떠났던 사람들, 음주 운전을 하다가 다른 사람을 치었던 사람들이 말해주는 고통과 번민, 회한의 이야기들을 들었다. 이러한 기억들이 남아 있는 한, 우리는 즐거운 삶을 누릴 수 있는 힘을 빼앗기기도 한다.

자기 자신을 용서하지 못한다면 비탄이라는 어두운 구름 아래서 살 수밖에 없다. 자신에 대한 증오심은 우리 영혼에 자리를 차지하여 삶 전체를 흐려보이게 한다. 깊은 절망감이 모든 생각과 행위에 침투하는 것이다. 우리는 스스로에게 자기 혐오라는 종신형을 선고해버린다.

자신을 용서하는 것은 왜 그토록 어려운 걸까?

자신을 용서하기 어려운 것은 용기가 부족하기 때문이다. 자신의 과거와 마주하려면 불굴의 의지가 필요하며, 그로 인해 미래가 영향을 받아서는 안 된다. 베드로를 생각할 때마다 그가 예수님에게 자신이 가장 필요한 날 밤에 그분을 배반했던 일로 얼마나 심한 죄책감을 느꼈을지 상상하게 된다. 그는 한 번도 아니고 무려 세 번이나 예수님을 부인했다. 베드로는 남은 생애 동안 예수님을 부인했던 그 목요일 밤을 떠올리며 살아야 했을 것이다.

죽음에서 일어나 두 제자들에게 나타나셨을 때, 예수님은 가서 다른 사람들에게 자신이 살아났으며 그들과 만나고 싶다는 뜻을 전하라고 말씀하셨다. 그분은 특별히 베드로를 만나고 싶어하셨다. 예수님은 다른 누구보다 베드로가 예수님의 환영을 받지 못할 것이라 생각하고 있음을 잘 알고 계셨다. 예수님이 베드로에게 세 번 "나를 사랑하느냐"고 물으신 것은 그를 회복시키며 세 번 부인했던 기억을 치유하시기 위해서였다.

용서하지 않는 재판관을 쫓아버리라

자신을 용서하기 어려운 또 다른 이유는 우리 내면에 스스로를 비난하는 목소리가 숨어 있기 때문이다. 우리는 이렇게 비난하는 재판관을 정면으로 대면하여 그 목소리를 마음 한가운데에서 쫓아버려야 한다. 이것은 결코 쉬운 과정이 아니다. 절대적으로 하나님의 도움이 필요한 일이다. 풀러 신학교의 루이스 스메데스Lewis Smedes 교수는 "당신의 마음속 그늘진 곳에 숨어 있는 '용서하지 않는 재판관'을 제거하기 위해서는 사랑의 기적이 필요하다"고 했다.

나는 이것이 악마가 갖고 있는 가장 큰 도구라고 생각한다. 우리에게 죄책감이 필요하다고 여겨질 때마다 우리 영혼의 원수는 과거가 기록되어 있는 테이프를 재생시키려 할 것이다. 이 테이프를 수도 없이 재생시킨 나머지 우리는 그 세부적인 부분까지 달달 외울 정도가 되었다. 물론 테이프를 멈추는 것은 쉬운 일이 아니다. 그렇다고 해서 불가능한 일도 아니다.

우리가 과거로부터 자유롭게 되는 것을 원하지 않는 사람들이 있을 경우 자신을 용서하는 것은 더욱 어려워진다. 대개 그러한 사람들의 내면 속에는 재판관이 숨어 있어, 그들 역시 오랫동안 그 목소리로 인해 괴로움을 겪고 있는 경우가 많다. 당신이 과거로부터 용서를 받았다는 사실은 그들을 화나게 만든다. 정말이지 불행은 불행을 좋아한다. 그들의 목소리를 부인하고 마땅히 용서받았음을 주장하려면 우리의 용기가 필요하다.

죄책감이여, 안녕

자신을 용서하기 어려운 또 다른 이유는, 죄책감에 굴복한 나머지 그 상태로 사는 것에 익숙해졌기 때문이다. 죄책감이 우리를 파괴시키고 있긴 하지만 이제는 그것에 익숙해진 것이다. 미지의 것보다 자기가 잘 아는 것이 더 편하기 마련 아닌가? 죄책감 없이 내일 아침을 맞이한다는 것이 너무나 낯선 개념이기에 우리는 차라리 수치심을 계속 지니고 사는 쪽을 택한다. 그렇게 하면 우울해지기는 하지만 적어도 안전하지 않겠는가?

한 친구가 상담 치료를 잘 받은 후 정신적인 불안감에서 회복되고 오랫동안 앓았던 우울증에서 벗어나기 시작하며 했던 말을 잊을 수 없다. "요즘 어떻게 살아야 할지 모르겠어. 오랫동안 죄책감에 시달려왔는데, 그게 없으니 오히려 이상해. 매일 고통 속에 사는 데 익숙해져서 그런지 그것을 떨쳐버리고 사는 것이 더 어렵게 느껴져."

고통과의 이별을 간절히 바라면서도 우리는 이미 길들여진 상태에 머물러 있고 싶기도 한다. 과거로 자신을 제한했던 기간이 길수록 죄책감을 떠나보내기는 더 어려워진다. 세상을 흑백으로 보는 데 익숙해져 있다면, 다채로운 색깔을 가진 세상과 익숙해지기 위해서는 적응 기간이 필요하다.

미래의 실패에 대한 두려움을 버리라

자신을 용서하기 어려운 마지막 이유는, 미래에 지을 죄에 대한 두려움 때문이다. 우리는 과거에 자신이 저지른 일들을 생각하며 미래에도 같은 일을 반복하지 않을까 두려워한다. 자신을 용서할 때 상황은 더 악화될 것이라고 생각한다. 자기 자신을 비난이라는 감옥에 가

두고 스스로의 행동을 감시하고 싶어한다.

이것은 바로 자유에 대한 두려움이다. 자신이 용서받았음을 주장하는 것은 자신의 행동으로부터 자유로워지기 위해 필요하다. 스스로를 용서할 때 우리는 자신이 과거로부터 해방되었음을 선포하게 된다. 그러나 자유의 나라로 뛰어들어가면서도 그곳에 그리 오래 머물지 못하는 게 아닌가 생각하기도 한다. '조만간 죄를 다시 지을 텐데, 그러면 다시 감방으로 돌아와야 할 것 아닌가. 차라리 시간을 절약하여 자신을 계속 비난하는 쪽이 낫지 않을까?'

미래에도 잘못을 저지르게 될 것이라고 거짓된 생각에 넘어갈 때 우리는 두려움을 느끼고 무력해진다. 과거에 특정 행동을 했다고 해서 미래에도 반드시 그렇게 하리라는 법은 없다. 과거의 행동을 반복하게 될 것이라는 예상에는 타당한 근거가 없다. 하지만 그 사실에 지나치게 신경을 쓰면 과거의 행동을 반복할 확률만 더 높아진다.

어느 한 시점에서 우리는 그 거짓과 맞서서 그와 반대되는 진리, 즉 우리가 행했던 일이 우리가 행할 일을 결정하지는 않는다는 진리를 주장해야 한다. 그런 거짓으로부터 자유를 선포할 수 있다면 자신을 용서할 수 있는 준비를 마친 것이다.

자신을 용서할 수 있는 근거

가장 먼저 해야 하는 일은 자신을 용서할 만한 토대를 만드는 것이다. 우리가 감히 자신을 용서할 수 있는 근거는 하나님이 우리를 용서하셨다는 사실이다. 우리를 용서하시는 모습에 나타난 하나님의 사랑은 우리가 자신을 용서하는 작업을 시작하는 토대가 된다. 모든 것을 보시고 모든 것을 아시는 하나님이 우리가 용서받았음을 선포하셨기 때문에, 우리가 자신을 용서하는 것은 자연스러운 일이다.

예수님의 십자가, 그것이 우리의 용서를 확립했다. 우리는 하나님이 우리를 용서하셨다는 변치 않는 진리만 갖고도 과거와 맞설 수 있다. 하나님은 우리를 긍휼히 여기사 우리 모든 죄를 깊은 바다에 던지고(미 7:19), 동이 서에서 먼 것 같이 우리 죄과를 우리에게서 멀리 옮기셨으며(시 103:12), 다시는 그 죄를 기억지 아니하신다(렘 31: 34).

하나님은 우리 과거를 바로 이같이 다루기로 결정하셨으며, 그 안에서 우리 또한 자신의 과거를 이같이 다룰 힘을 얻는다.

하나님의 관점에서 보라

자신을 용서하는 데 가장 큰 걸림돌 가운데 하나는 용서를 '내가 하는 것'이라고 생각하는 경향이다. 찰스 스탠리는 이를 '행위 중심적 용서'라고 불렀다. 이 사회 전체는 행위 체계로 이루어져 있어 행한 만큼 보상이 돌아간다. 일을 잘 해내면 칭찬을 받고 못하면 거절당한다.

우리는 이러한 정신을 용서라는 영역에도 적용시킨다. 과거의 실수에 값을 매기는 일은 허다하다. 예를 들어, 선의의 거짓말은 가벼운 죄, 간음은 중죄라고 판단한다. 이러한 체계대로 한다면, 가벼운 죄를 지으면 작은 보상, 예를 들면 약간의 죄책감을 느껴야 할 것이고, 중죄를 지으면 더 큰 보상, 예를 들면 평생을 후회하며 살아야 할 것이다.

하나님은 우리가 생각하는 방법처럼 죄를 다루지 않으신다. 그분은 우리 죄의 무게를 달아보거나 특정 죄에 더 무겁거나 가벼운 값을 매기지 않으신다. 예수님이 간음한 여인을 용서하실 때의 태도(요 8:3-11)는 중풍병자를 용서하실 때의 태도(막 2:5)와 다르지 않았다. 하나님은 죄를 차별하지 않으신다. 여러 죄들을 놓고 그 무게를 비교하거나 편파적으로 용서하지 않으신다. 하나님이 용서하지 못할 죄는 아무것도 없다.

진짜 우리의 싸움은 용서를 받는 것이 아니라, 용서받았음을 느끼는 데 있다. 워낙 행위를 중심으로 용서에 접근하는 데 익숙하다보니, 우리는 더 심한 피해를 낳은 과거의 잘못일수록 용서받았다고 느끼기 어려워한다. 대부분의 사람들은, 화를 내는 것과 같은 작은 죄를 저질렀을 때 자신을 용서하는 것이 살인과 같은 중범죄를 저질렀을 때 자신을 용서하는 것보다 쉽다고 느낀다. 그러나 하나님은 이 두 가지를 동일하게 여기신다(마 5:21-22). 바로 이것이 하나님이 우리를 용서하셨듯이 자신을 용서하길 원하는 사람들이 취해야 할 관점이다.

자신을 있는 모습 그대로 보기

용서의 마지막 토대는 자기 자신을 있는 모습 그대로 보는 것이다. 자기 자신을 용서하려면 올바른 자아 정체성을 가져야 한다. 오늘날 사람들은 자신을 선한 일을 할 수 있는 죄인이 아닌 죄를 지을 수 있는 의인으로 보는 경향이 있다. 그 관점의 차이는 엄청나다.

자신을 의인으로 여긴다면, 조그마한 실수도 있을 수 없는 일로 생각할 것이다. 선한 일을 하는 것은 선한 사람에게 너무나 당연한 결과이기 때문이다. 그렇다면 논리적으로 봤을 때 하나님 역시 나에게 커다란 성과를 기대하실 게 당연하다.

실패, 죄 그리고 실수 등은 내가 잠시 중심을 잃거나 게을러졌을 때에만 드물게 나타날 것이다. 열심히 노력하면 아무 실수 없이 완벽하게 살 수 있다. 내가 친절하거나 용감한 행동을 하고, 선행을 베풀었다고 해서 하나님이 특별히 기뻐하시는 것도 아니다. 왜냐하면 하나님은 애초부터 그러한 것을 예상하셨기 때문이다.

그러나 자기 자신을 약하고 깨어진 사람으로 본다면, 설령 실수했다고 해서 그다지 충격을 받지 않는다. 그렇다고 구제 불능 상태에 빠진 것은 아니기 때문이다. 굳이 실수를 원하거나 기대하거나 쉽게 그에 대해 변명하지는 않지만, 그렇다고 해서 실수했을 때 놀라지도 않는다.

실패, 죄, 그리고 실수 등은 내가 게을러서 일어나는 게 아니다. 그것은 타락한 세상에 사는 타락한 사람들의 일부일 뿐이다. 하나님도 나의 죄 때문에 놀라지 않으신다. 그분은 내가 진토임을 아신다(시

103:14). 내가 용감하거나 희생적인 행동을 했을 때 하나님은 기뻐하신다. 모든 것이 나를 대적하고 나를 넘어뜨리려는 상황에서 내가 실천하는 선한 행동은 하나님 눈에 경이로운 것이다.

하나님은 우리보다 더 많이 우리의 실수를 예상하신다. 우리를 잘 아시기 때문이다. 우리는 가끔씩 죄를 범하는 의인이 아니라 가끔씩 하나님의 은혜로 의로운 일을 하는 죄인이다. 이러한 관점으로 자신을 보기 시작할 때 완벽주의의 속박에서 벗어나 자신을 단번에 용서할 수 있게 된다. 우리는 모두 하나님을 본받아야 한다. 우리는 스스로에게 실망할 수 있지만 하나님은 실망하지 않으신다. 우리는 스스로를 비난하고 싶겠지만 하나님은 결코 비난하지 않으신다.

그렇다면 하나님은 무엇을 하시는가? 하나님은 우리의 행동들을 빛 아래로 가져오사 그 행동들을 있는 그대로 깨우쳐주신다. 하나님은 부드럽게 우리가 누구인지, 누구에게서 왔는지 기억하게 하시고, 용서받았음을 믿도록 도와주심으로 우리가 자신과 화해하게 하신다. 그러고 나서 그분의 인자하심을 찬양하고, 훗날 그 사건을 새로운 관점으로 기억하게 해주신다.

정직, 자아 정체성, 믿음, 화해, 기쁨, 구속적인 관점에서 죄를 기억함. 이것은 우리가 자신을 용서하는 과정에서 만나는 여섯 단계의 이름이다. 과거에 저지른 잘못이 미래를 결정지어서는 안 된다. 오히려 그 잘못에 바르게 반응할 때, 우리는 우리 운명의 행로에 자유의 땅을 그려넣게 될 것이다.

정직

자신을 용서하는 첫 번째 단계는 정직해지는 것이다. 나 역시 자신을 속이고 자기 행동을 합리화하거나 속죄양을 찾는 경향이 있다는 것을 종종 느낀다. 실패를 인정하려면 힘든 시간을 거쳐야 하기 때문이다. 나는 비난받지 않을 정도만 진실을 감출 수 있는 방법을 일찌감치 배웠다. "그러니까 너도 알다시피 내가 요즘 힘들어서 그래."

우리는 합리화를 그만두고 그저 "내가 그랬어. 모두 내 잘못이야"라고 말할 수 있어야 한다. 자신을 용서하려면 먼저 진실을 말해야 한다. 온전한 진실, 오직 진실만을 말해야 한다.

장로교 목사인 조지 버트릭George Buttrick은 고백은 구체적이어야 한다고 사람들에게 권고한다. 그는 우리가 용서를 얻기 위해서는 "사실을 고리에 꿰어야" 한다고 말한다. 자신이 한 일에 분명치 않은 태도를 취하는 한 자신을 용서하는 일 또한 분명치 않게 될 것이다. 용서를 구하고 싶은 구체적인 사건을 입으로 고백할 수 있다면 이미 용서는 시작된 것이다.

자아 정체성

두 번째 단계는 자기가 누구인지 이해하는 것이다. 솔직히 고백하기 어려운 이유 중 하나는 그로 인해 자존심이 상하기 때문이다. 고백을 하는 순간 자신이 완벽하지 않음을 인정하는 것이 된다. 가면은 벗겨지고 진정한 자아가 드러난다. 이것은 결코 쉬운 과정이 아니지만 자기 자신을 용서하는 데 꼭 필요한 단계다.

우리는 스스로 인정하는 것보다 더 어리석다. 우리는 약하고 불완전한 존재다. 그 사실을 인정할 때 우리는 자기 자신과 다른 사람에게 정직해질 수 있다. 자신이 누구인지 알 때 진정한 자신의 모습이 아닌 치장한 모습으로 보이고자 하는 마음에서 자유로워질 수 있다. 자신이 누구인지 알 때 이미 자기 용서의 노정에 들어선 것이다.

하나님의 능력은 우리가 약한 데서 온전하여진다(고후 12:9). 겸손은 용서의 문을 연다. 어느 순간 자신을 긍휼의 눈으로 바라보고 완벽을 바라는 마음을 버려야 할 것이다. 자신이 어떤 사람인지 알 때 우리는 자신에게 너그러워질 수 있다.

믿음

세 번째 단계는 믿음의 행동을 수반한다. 하나님은 우리를 용서하셨다. 그 소식을 듣는 것과 받아들이는 것은 다르다. 스스로의 노력만으로는 자신을 용서할 수 없다. 예수님이 행하신 일을 믿음으로 의지할 때 우리는 비로소 자신을 용서할 수 있는 자격을 얻는다.

키에르케고르는 이렇게 기도했다.

죄책감과 하나님의 진노로부터 숨으려고 한다면 저는 미치광이가 되어 절망 속에 빠질 것입니다. 그러나 죄를 씻어달라고 당신에게 '의지할' 때, 저는 기쁨과 평화를 발견할 것입니다. 당신은 저에게 죄로부터 피할 수 있는 처소를 마련해주려고 고난을 당하고 십자가에서 돌아가시며, 제가 받아야 할 진노를 대신 받으셨습니다. 하나님, 당신 아래서 '안식하게' 해주소서. 그리고 당신의 형상을 닮게 해주소서.

키에르케고르는 자기 자신을 용서할 수 없다는 것을 알고 있었다. 자신을 스스로 용서하려고 노력하다간, 미치광이가 되어 절망 속에 빠질 것이라고 했다. 용서하는 작업 가운데 그가 맡은 부분을 묘사하는 두 단어를 살펴보라. 그것은 바로 '의지하는 것'과 '안식하는 것'이다. 이것은 모두 믿음의 행위다.

하나님이 예수님을 통해 우리에게 하신 일을 의지하며, 그 약속 안에 안식하는 것은 우리의 유일한 소망이다. 우리는 자신에게 온유해야 하며 믿음 없음을 인정해야 한다. 하나님은 우리 믿음이 어느 정도인지 잘 아신다. 그분이 우리에게 원하시는 유일한 것은 그분의 용서에 대한 우리 믿음이 점점 더 자라가는 것이다.

믿음은 모험이요, 용감한 행위지만 결코 불합리한 것이 아니다. 이것을 하룻밤 사이에 깨달을 필요는 없다. 한 걸음, 한 걸음 깨달음을 향해 발길을 옮기면 된다. 예를 들면, 성경에서 용서에 대해 설명하는 부분을 읽고 그것을 묵상하며 그 구절들을 외워 그 진리와 친숙해지는 것이다. 우리는 또한 믿음을 달라고 기도할 수 있다. 믿음은 하나님이 즐겨 주시는 선물이다. 하나님이 확립하신 용서를 믿을 수 있을 때 우리는 자기 자신을 용서할 수 있다.

화해

네 번째 단계는 화해하는 것이다. 어느 순간에 이르러 우리는 자신을 그토록 화나게 만든 사람, 즉 자기 자신과 화해할 수 있어야 한다. 이 장을 시작하면서 나는 얼마나 나 자신을 '안아주기' 원했는지 이야기했다. 그것은 화해에 대한 열망이었다. 나는 몇 년 동안이나 나 자신에게 너무 화가 난 나머지 자신을 적으로 만들어버렸다. 그러나 긍휼하신 하나님의 눈으로 나를 보자 자기 증오로 허비한 몇 년을 되찾고 싶어졌다.

우리에게는 자기 자신과 화해할 수 있는 기회가 주어졌다. 더이상 기다릴 이유가 없다. 너무나 실망한 사람, 하는 일마다 마음에 들지 않아 미워했던 그 사람이 우리 앞에 서 있다. 용기를 갖고 이렇게 말할 때 비로소 화해는 이루어진다. "너를 용서할게. 오랜 시간 너를 아프게 한 것 미안해. 그 모든 일은 이제 끝났어. 너를 용서한다."

기쁨

예수님은 많은 사람을 용서하셨다. 몇 사람을 제외하고 그들은 모두 자유를 기뻐하고 축하했다. 막달라 마리아, 삭개오, 마태, 베드로, 이들은 모두 자신이 용서받았음을 깨달았다. 예수님은 한 영혼이 하나님과 화해할 때 천사들도 기뻐한다고 말씀하셨다. "내가 너희에게 이르노니 이와 같이 죄인 한 사람이 회개하면 하나님의 사자들 앞에 기쁨이 되느니라"(눅 15:10). 천사들도 즐거워하는데 우리가 즐거워하지 않을 수 있겠는가?

기념하여 기뻐함으로써 우리는 하나님의 선하심을 깨닫는다. 기념하여 기뻐함으로써 우리는 하나님이 우리에게 행하신 일들을 하나하나 추억해보며 즐거움을 누린다. 하나님은 우리를 사랑하사 우리와 같은 인간이 되셨다. 우리 함께 그날을 기념하며 성탄절이라고 부르자. 하나님은 우리를 구하기 위해 죽었다가 다시 살아나셨다. 우리 함께 그날을 기념하며 부활절이라고 부르자. 하나님은 우리가 그분의 선하심을 즐거워하기를 원하신다.

하나님과의 화해를 끊임없는 감사와 기쁨으로 승화시키고 확증해 나가자고 제안하고 싶다. 파티를 여는 것은 어떨까? 축제는 어떤가? 하루 정도의 시간을 내어 홀로 용서라는 선물이 주는 은혜에 젖어보는 것도 괜찮다.

언젠가 나는 금방 감옥(일명 '비난의 교도소')에서 출소한 사람인 양 행동하면서 하나님의 용서를 기념하기로 했다. 다시 사회에 돌아온 사람처럼 그날 하루를 모든 것을 새롭게 시작하는 날로 여기기로 결심했다. 새 신발까지 샀다. 자유 안에서 첫 걸음을 내딛는 날이었기 때문이다.

구속의 관점에서 죄를 기억함

성경은 하나님이 다시는 우리의 죄를 기억지 아니하신다고 선포한다(렘 31:34). 나는 그것이 정확하게 어떤 의미인지 잘 모른다. 하나님, 무엇이든 하실 수 있는 하나님, 모든 것을 아시는 하나님이 어떻게 무언가를 잊어버리실 수 있단 말인가? 예레미야서의 말씀을 문자 그대로 받아들인다면, 하나님은 정말 우리 죄를 잊기로 결정하셨다고 말할 수 있을 것이다.

이 말씀을 통해 내가 확신할 수 있는 것은 하나님이 우리 죄를 하나도 기억하지 않을 때와 다름없이 우리를 대하신다는 사실이다. 하나님은 과거의 죄를 다시 들추어내지 않으며, 내가 전혀 그런 죄를 짓지 않았던 것처럼 나를 대하신다.

우리는 쉽게 잊어버리지 못한다. 힘들었던 순간의 기억이 언제나 따라다닌다. 그러나 우리는 구속적인 관점에서 그것을 기억하기로 마음먹을 수 있다. 하나의 사건을 두고 엄청난 고통의 시간으로 기억할 수도 있지만, 또한 하나님의 용서와 은혜의 증거로 기억할 수도 있다. 우리는 자신의 실패를 두고두고 기억할 것이다. 하지만 또한 그 실패를 치유하셨던 하나님을 기억할 수도 있다.

정직, 자아 정체성, 믿음, 화해의 단계를 거친 사람은 과거로부터 자유로운 삶을 시작할 수 있다. 그러나 그 과거는 여전히 남아 있다. 자신이 행했던 일과 마주쳤을 때 이제 우리는 이렇게 말할 수 있다. "그래, 그런 일이 있었지. 하지만 그 일은 용서받았고 도리어 하나님의 사랑에 대한 증거가 되었어." 이러한 방법을 통해 우리는 고통스러운 기억마저 구속할 수 있다.

용서하지 않은 것을 용서하라

자신을 용서하는 것은 워낙 쉽지 않은 일이라 상당한 시간이 필요하다. 자신을 비난하는 옛 목소리와 계속해서 씨름해야 할 수도 있다. 어쩌면 지금 당신은 자신을 전혀 용서할 수 없는 상황에 처해 있을지 모른다. 그럴 때 할 수 있는 첫 번째 일은 자신을 용서하지 않은 것을 용서하는 것이다.

우리는 하나님이 아니다. 하나님이 우리를 용서하실 때에는 매우 신속하게, 아무런 의심 없이 용서하신다. 우리는 자신을 용서할 때 미적거리며 온갖 염려 가운데 용서한다. 죄가 남긴 상처는 여전히 선명해 그 죄를 똑바로 보는 데에만 오랜 시간이 걸릴 것이다. 이러한 경우 우리는 최선을 다해 자신을 용서하며, 계속해서 자신을 용서해 나갈 수 있도록 기도해야 한다.

자신을 용서하는 일은 머리에서 시작해 마음으로 옮겨간다. 하나님의 용서를 머리로 이해하고 지적으로 믿고 있을 수 있다. 그러나 그 진리가 영혼에까지 미치지는 않았을 것이다. 머리 속에서는 용서받았다는 사실을 알지만, 그 진리가 마음에까지 도달하지는 않은 것이다. 그럼에도 불구하고 하나님은 우리에게 은혜로우시다.

다시 쓰는 삶의 대본

진정으로 자신을 용서할 때 우리는 새로운 삶을 살기 시작한다. 우리가 깨닫게 되는 축복 한 가지는, 자신을 용서함으로써 자기가 저지른 죄에 따라 자신을 정의내리지 않고, 하나님이 보시는 대로 정의내리게 된다는 사실이다.

바울은 고린도 교인들에게 술 취하거나 우상을 숭배하지 말라고 권고하면서 이같이 말한다. "너희 중에 '이와 같은 자들이 있더니' 주 예수 그리스도의 이름과 우리 하나님의 성령 안에서 씻음과 거룩함과 의롭다 하심을 받았느니라"(고전 6:11). 그러므로 우리도 더이상 자신을 과거의 잘못된 행동에 근거해 정의내리지 말고 그리스도 안에서 씻음과 거룩함과 의롭다 하심을 받은 자로 정의내려야 한다.

루이스 스메데스는 이렇게 말한다. "스스로를 용서했을 때, 우리는 삶의 대본을 다시 쓰게 된다. 현재의 장면은 과거의 장면에 얽매이지 않는다. 1막에서 주인공으로 등장했던 악당은 사라지고, 2막에서 우리는 전혀 다른 선한 사람으로 등장한다."

이 같은 이유 때문에 나는 주인공이 변화를 겪는 연극이나 영화에 매력을 느낀다. '현실적인' 이야기를 묘사하는 영화는 그다지 좋아하지 않는다. 거기서는 주인공이 변하지 않고, 결국 영웅도 없으며, 모든 사람이 절망 속에 남는다. 과거의 실패를 극복하고 인물이 변화하는 영화를 보고 싶은 이유는 나 자신이 그렇게 되기를 바라기 때문이다.

자신을 용서하는 것은 변화를 향해 한 걸음을 옮기는 것이다. 과거의 모습으로 돌아갈 의무는 없다. 이제 우리는 자유로이 하나님이 원하시는 사람이 될 수 있다. 과거의 죄와 만날지라도 그것이 우리의 현재를 결정짓지 못한다는 것을 안다. 단, 그것이 우리에게 하나님의 은혜가 필요하다는 사실을 깨닫게 해주는 수단으로 사용될 때를 제외하고는 말이다.

하나님의 용서를 경험할 때 우리는 그분에게 더 가까이 다가갈 수 있다. 언제나 한없는 사랑과 긍휼로 우리를 대하시는 하나님 앞에 우리는 오직 감사할 수밖에 없다. 우리는 용서의 과정을 통해 하나님을 더욱 의지하며 자신에게 더욱 신중해진다. 이러한 과정을 통해 우리는 자신을 부끄러워하던 과거의 죄인 된 모습에서 자신을 용서한 선한 사람의 형상으로 다시 빚어진다.

용서하기 위해 용서받다

정확히 언제 자신을 용서했는지 알기는 어렵다. 자신을 용서하는 일이 섬광처럼 한 순간에 일어나 갑자기 과거에 대한 죄책감이 사라지는 경우도 있다. 하지만 이런 경우는 매우 드물며, 대부분의 사람들은 언제 자신을 용서하게 되었는지 잘 모른다. 우리가 자신을 정말 용서했다는 사실을 확인해주는 징표가 있다면, 그것은 우리가 거리낌없이 사랑하게 되었다는 사실일 것이다.

우리 안에 용서가 뿌리내리기 시작할 때, 우리에게 다른 사람에 대한 판단을 삼가려는 의지가 생길 것이다. 우리가 용서받았다는 사실은 다른 사람이 내게 행한 잘못을 용서할 수 있을 때 알게 된다. 하나님이 긍휼의 눈으로 우리를 용서하셨으며 더이상 나도 자신을 비난하지 않는데 어떻게 타인을 용서하지 않을 수 있겠는가? 아낌없이 용서받았으므로 이제 아낌없이 용서할 수 있는 것이다.

함께 생각해볼 문제

1. "하나님은 우리가 생각하는 방법처럼 죄를 다루지 않으신다. 그분은 우리 죄의 무게를 달아보거나 특정 죄에 더 무겁거나 가벼운 값을 매기지 않으신다."
 — "모든 죄는 하나님 앞에서 동일하다"는 명제가 당신에게 어떠한 의미를 줍니까?

2. 혹시 자기 자신을 용서하기 힘들어하고 있지는 않습니까? 어떤 죄가 당신의 발목을 잡고 있습니까? 자신을 용서하기 힘든 이유는 무엇입니까?

3. "하나님은 우리보다 더 많이 우리의 실수를 예상하신다. 우리를 잘 아시기 때문이다. 우리는 가끔씩 죄를 범하는 의인이 아니라 가끔씩 하나님의 은혜로 의로운 일을 하는 죄인이다."
 — 이러한 자아 정체성은 자신을 용서할 때 어떠한 도움을 줍니까? 완벽이라는 잣대를 내려놓고 겸손히 자신의 연약함을 인정하는 기도를 드리십시오.

6장_ 용서, 꿈에서라도 하고 싶지 않은

갈보리에 올라 우리가 어떻게 용서받았는지 배우자.
그곳에 머물러 어떻게 용서해야 하는지 배우자.
― C. H. 스펄전

로저 프레드릭슨Roger Frederikson은 친절하고 동정심 많은 목회자로, 40년 넘게 상한 심령을 치료하고 고통을 겪고 있는 교회를 회복하는 일에 전념해왔다. 최근에 그는 하나님이 얼마나 놀라운 방법으로 그의 마음을 치유하셨는지 이야기해주었다.

얼마 전 그는 사람들이 종종 자신도 모르게 용서하지 못하는 고통 속에 살고 있다는 내용의 책을 읽었다. 아내와 함께 책에 대해 이야기를 나누던중 아내가 이렇게 말했다. "내 생각엔, 당신에게도 아직 해결하지 못한 문제가 있는 것 같아요."

아내의 예지력 있는 충고 덕분에 로저는 내면의 목소리에 귀 기울이기 시작했다. 기도하는 가운데 아직 용서하지 않은 사람이 있다는 것을 알게 되었다. 오래 전, 너무나 사랑했던 남동생을 자동차 사고로 잃었다. 당시 로저는 서른일곱 살이었고, 스무 살이었던 동생은 친구들과 함께 드라이브를 하던 중이었다. 동생의 친구는 부주의하게 운전하다 돌발 사태에 제대로 대처하지 못했다. 자동차가 전복됐고 타고 있던 여섯 사람 중 한 사람이 죽었다. 로저의 동생이었다.

차를 운전했던 친구는 장례식에 참석했지만 누구와도 이야기하지 않았으며, 로저의 어머니에게도 용서를 구하지 않았다. 이 일로 가장 상심한 사람은 로저였다. 그는 동생의 친구와 한 번도 이야기하지 않았고, 30년 넘는 세월 동안 그 분노를 본인도 모른 채 마음에 간직하고 있었다. 기도하는 가운데 로저는 '해결하지 못한 문제'가 무엇인지 알게 되었다. 그리고 그 운전자를 용서해야겠다고 느꼈다.

로저는 그를 찾고 싶었지만 어디 있는지 알아낼 수 없었다. 마침내 얼마의 시간이 흐른 후 그의 전화번호를 알아내어 번호를 눌렀다. 그의 아내가 전화를 받기에 그를 바꿔달라고 했더니, 아내는 남편이 몇 개월 전에 죽었다고 말했다. 로저의 마음은 내려앉았다.

그는 전화를 받은 여성에게 전화를 건 이유를 설명해야만 했다. 그녀와 대화를 나누면서 로저는 마음이 치유되는 것을 느꼈다. 그 운전자가 몸으로 그들과 함께 있는 것은 아니지만, 로저는 그의 아내에게 부탁했다. "내가 용서한다고 그에게 전해주십시오." 그녀는 그러겠다고 약속했다. 그들은 함께 울었고, 눈물을 흘리는 가운데 평안을 찾았다. 해결하지 못한 문제가 마침내 해결되었다. 용서라는 선물을 전해준 것이다.

상처받는 다양한 이유

하나님이 용서를 생각하신 이유는 우리가 서로 아픔을 줄 수 있다는 것과, 용서가 상한 마음을 치유할 수 있는 유일한 수단임을 아셨기 때문이다. 우리 삶은 다른 사람들이 준 상처로 가득하다. 불친절한 말, 깨진 약속, 신체적 학대, 폭력, 기만, 상대에 대한 악의 등. 이 모든 것이 깨어진 세상의 일부다.

우리는 상처를 받는다. 그 상처는 매우 실제적이다. 성폭력이나 신체적 학대에 대한 끔찍한 소식을 접할 때마다 왜 하나님이 인간을 만드셨을까 하는 의구심이 들 정도다. 나 또한 때로는 물리적으로, 때로는 언어로 상처 받는 고통과 고뇌를 경험했다.

어느날 차를 몰고 집으로 향하던 중 술 취한 남자 운전자에 의해 사고가 날 뻔했다. 갑자기 차선을 넘어와 내 차를 들이받을 기세였다. 나는 가까스로 피하며 갓길에 차를 세웠다. 하지만 그는 내 옆에 차를 바짝 붙이더니 내가 자기 차를 막았다고 소리를 지르며 뛰쳐나왔다. 나는 손을 허리에 얹고 그를 가로막은 기억이 없다고 말했다. 혹시라도 그랬다면 미안하다고 말하려고 했다. '미안하다'는 말이 나오기도 전에 남자가 주먹을 휘둘렀다. 얼굴에서 피가 흘렀다. 그는 나를 두 번 더 때린 뒤에도 성이 안 찬 듯 씩씩거렸지만, 우리를 지켜보던 누군가가 경찰에 신고하자 재빨리 달아났다.

때로는 말에 의한 상처가 우리 마음을 아프게 한다. 말은 커다란 상처를 낼 수 있는 강력한 무기다. 누군가가 나에게 지독히 나쁜 말을 한 적이 있다. 그는 완전히 근거 없는 거짓말로 내 인격에 흠을 내려 했다. 나는 주먹질을 당한 것처럼 쓰라린 마음으로 며칠을 지냈다. 복수하고 싶었다. 그 몇 마디 말 때문에 내가 얼마나 큰 고통을 겪고 있는지 깨닫게 해주고 싶었다.

때로는 누군가가 어떤 행동을 해서가 아니라, 하지 않아서 마음이 아플 때도 있다. 격려나 사랑의 표현이 오가지 않는다. 부모와 자녀 사이에 함께하는 시간이 점점 없어진다. 아이들은 부모로부터 버림 받았다고 느낀다. 가족을 버린 가장이 남긴 상처는 오래간다.

다른 사람에게 상처를 주는 방법은 다양하다. 이와 같은 상황에서 예수님의 권고처럼 서로를 용서하는 것은 불가능한 일처럼 보인다.

용서하는 것이 어려운 이유

상처 때문에 마음이 아플 때, 그리고 정말 그 상처가 크게 남을 때 용서하는 것은 매우 어렵다. 정말이지 상처를 준 사람을 용서하는 것은 꿈에서라도 하고 싶지 않은 일이다. C. S. 루이스도 "모든 사람이 용서를 아름다운 것이라고 말한다. 그들에게 용서할 일이 생기기 전까지는 말이다"라고 말했다. 우리는 자신을 아프게 한 자가 벌 받기를 바라며, 정의가 실행되기 원하고, 상처준 사람이 발 앞에 엎드려 용서를 구할 날을 열망한다.

용서하기 어려운 이유는 그것이 불공평해 보이기 때문이다. 나에게 상처를 준 사람이 죄의 대가를 받는 것이 마땅하지 않은가? 상처를 준 것에 대한 빚을 갚지도 않았는데 용서해주는 것은 부당한 석방처럼 보인다. 용서는 상식적이지 않고 보복이 정당해 보인다.

용서하기 어려운 것은 우리가 정의를 원하기 때문이다. 하지만 용서는 정의가 아닌 치유와 관련된 것이다. 용서는 논리적이지도, 공평하지도 않다. 그러나 용서는 진정한 자유를 향한 길이다. 고통으로 가득 찬 광포한 세상을 항해하면서 우리의 용서가 필요한 사람들을 용서하게 해주시기를 하나님께 구할 때, 우리는 이 세상이 알지 못하는 내적인 평안을 경험하게 될 것이다.

용서에 대한 네 가지 오해

용서에 대한 네 가지 오해들을 이제 다루려고 하는데, 많은 사람들이 이 오해 때문에 용서를 통한 치유의 여정에 들어서기를 꺼려한다.

첫 번째 오해는 용서가 죄를 눈감아주는 것이라는 생각이다. 누군가를 용서하는 것은 그에게 죄가 없다고 판단하는 것이라고 사람들은 생각한다. 하지만 이것은 잘못된 논리다. 어떤 사람을 용서한다고 해서 그 사람의 행위를 용인할 만한 것으로 간주하는 것은 아니다. 사실 용서한다는 것은 그 행위를 결코 용인할 수 없는 것으로 판단내리는 것이다.

우리는 죄인을 죄와 분리시켜 생각해야 하는데, 이에 대해 G. K. 체스터튼은 다음과 같이 말했다. "기독교는 … 죄인과 죄를 분리시켰다. 우리는 일흔 번씩 일곱 번이라도 죄인을 용서해야 한다. 그러나 죄에 대해서는 절대 용서하지 말아야 한다." 죄된 행동은 절대 용서받을 수 없다. 용서는 죄에 대해 눈감아주거나 변명해주거나 간과하는 것이 절대 아니다.

　용서에 대한 두 번째 오해는 용서로 인해 그 사람이 변화될 가능성이 있을 때에만 용서해주어야 한다는 생각이다. 회개하지 않으며 용서를 구하지 않는 사람을 용서하는 것은 무의미하다고 사람들은 생각한다. 그러나 용서는 교정시키는 행동이 아니라 자유케 하는 행동이다. 우리가 어떤 사람을 용서하는 것은 그 사람을 변화시키기 위해서가 아니다. 그것은 우리 자신을 자유케 하기 위해서다.

　많은 사람들을 용서하지 못하게 하는 세 번째 오해는 "시간이 모든 것을 해결해준다"는 진부한 생각이다. 시간은 어떠한 영적 상처도 치유할 수 없다. 그 생각이 사실이라면 왜 많은 사람들이 아주 먼 옛날에 받았던 상처로 인해 아파하면서 살겠는가? 위에서 언급한 로저의 이야기는 사람이 30년 넘게 상처를 지니고 살 수 있음을 보여준다. 시간은 상처를 치유하지 못한다. 하나님만이 우리의 상처를 치유하실 수 있다.

　네 번째 오해는 용서하면 잊어버려야 한다는 생각이다. 누군가를 용서하더라도 우리는 그런 일이 없었던 것처럼 행동하지 않아도 된다. '용서하고 아예 잊어버리는 것'은 불가능한 일일 뿐더러 위험하기까지 하다. 수없이 많은 사람들이 무언가를 잊기 위해 평생을 보내지만 결국 과거를 묻어버릴 수 없다는 것을 깨닫는다. 과거는 반드시 해결되어야 한다. 아무리 잊으려 애써도 과거는 여전히 남아 있을 것이다.

용서하지 않음으로 겪는 고통

용서하는 것이 우리에게 상처를 준 사람을 변화시키는 것이나, 우리 상처가 회복되는 것을 의미하지 않는다면, 왜 용서를 해야 하는 것인가? 그 이유는 용서하지 않을 때 자기 자신이 더 고통스럽다는 것을 경험하기 때문이다.

용서하지 못함으로써 우리는 자신을 과거의 노예로 삼고, 과거에 일어난 일이 자신의 미래를 결정짓도록 내버려두게 된다. 용서하지 않아야 공평해진다고 생각하지만 현실은 그렇지 않다. 오히려 손해 보는 쪽은 용서하지 않는 사람이다.

"하나님이 당신을 용서하시더라도 나는 절대로 그렇게 하지 않겠다"는 태도는 정의로워 보일 수도 있다. 용서해주지 않음으로써 상대방을 붙들고 늘어져 책임을 지우고 있다고 생각하지만, 사실은 계속해서 고통만 붙들고 있을 뿐이다. 용서하지 않을 때 과거의 고통은 눈에 띄게 불어난다. 날이 갈수록 더해가는 고뇌는 실제 일어난 사건보다 더 큰 상처를 안겨준다.

용서하지 않음으로써 공평해지겠다고 하지만 그로 인해 결국 우리는 파괴되어간다. 증오와 분노가 작열하는 태양처럼 엄청난 에너지를 만들어내는 것 같지만 얼마 지나지 않아 우리는 활력을 잃고 앞으로 나아가지도 못하게 된다. 분노를 오래 품고 있을수록 상처만 더 커진다.

아주 오래 전부터 자신의 어머니를 미워해온 한 여성을 만난 적이 있다. 어머니에 대한 이야기를 할 때마다 그녀는 분노로 몸을 떨었다. 어머니로부터 늘 불합리한 기대를 받아왔던 그녀는 평생 동안 자신이 열등하다는 생각을 해왔다. 삼십 대 중반의 어느날, 그녀는 자신이 과거의 고통에 얽매여 있으며, 이는 자신을 해칠 뿐이라는 사실을 깨달았다. 마침내 어머니를 용서할 수 있게 되었을 때 그녀는 이렇게 말했다. "몇 년 전에라도 이렇게 했다면 얼마나 좋았을까요."

죄수를 자유롭게

상처를 치유할 수 있는 유일한 길은 용서하는 것이다. 이러한 이유로 예수님은 그토록 용서를 강조하셨던 것이다. 예수님은 용서하기를 꺼려하는 마음이 우리에게 고통만 지속시킬 뿐이라는 사실을 아셨다. 루이스 스메데스는 이렇게 말했다. "누군가를 용서하는 것은 죄수 한 명을 석방시키는 것이다. 그리고 곧 알게 된다. 진짜 죄수는 바로 자신이었다는 사실을."

과거의 고통을 뒤로하고 죄수를 풀어주기로 마음먹을 때 우리는 비로소 치유의 여정에 들어서게 되는데, 그 여정은 다음 네 가지 요소를 포함한다. 먼저 자신이 얼마나 많이 용서받았는지 깨닫고, 이제 상대방을 그 빚으로부터 자유케 해주며, 상대방을 있는 모습 그대로 받아들이고, 하나님이 악을 선으로 바꾸시도록 자신을 내어드리는 것이다.

이 네 가지 요소는 모두 우리의 영적 건강을 위해 꼭 필요한 것들이기에 좀더 깊이 살펴보도록 하겠다.

치유의 여정

용서라는 치유의 여정이 어떤 것인지 알고 느끼기 위해 내 친구 스탠의 이야기를 나누고자 한다. 스탠을 처음 만난 것은 그가 안정감을 되찾는 데 도움을 받고자 나의 사무실에 왔을 때다. 그는 내 눈을 똑바로 보지 못할 정도로 눈에 띄게 떨고 있었다. 전날밤 자살을 시도했다고 말하는 그의 목소리도 떨렸다. 짧은 면담을 나눈 후 나는 그리스도인 상담가를 연결시켜주었고, 그 상담가가 이후 육 개월 동안 스탠이 마음의 안정을 찾도록 도와주었다.

1년 후 스탠은 내가 하나님의 사랑과 용납, 그리고 완전한 용서에 대해 설교하고 있던 교회로 들어와 서성거렸다. 그리고 그날 사무실에 들러 사람이 어떻게 그것을 경험할 수 있는지 물었다. 한 시간 동안 이야기한 끝에 그는 하나님의 용납을 받아들일 준비가 되었다고 말했다. 기도하면서 스탠은 하나님께 자신의 삶 속에서 역사해달라고 구했다.

그의 영적인 삶은 로켓이 이륙할 때만큼이나 급속하고 강력히 성장했으며 보기에도 놀라울 따름이었다. 하나님이 그를 얼마나 사랑하시는지 깨달은 다음부터는 하루가 다르게 변했다. 그는 스스로를 '나비가 된 애벌레'에 비유했다.

그로부터 얼마 지나지 않아 전혀 예상치 못한 일이 일어났다. 나와 대화를 나누던 스탠은 어릴 적 자기 가족의 한 친구로부터 성적 학대를 당했다고 털어놓았다. 그가 입은 상처와 아픔은 극심했다. 사춘기 시절 내내 그는 자기 혐오 속에 살았다. 그가 자살을 시도했던 것도 그 고통이 절정에 달했기 때문이었다.

그러나 지금은 모든 것이 달라졌다고 그는 말했다. 그는 이전과 다른 눈으로, 즉 하나님이 우리를 보시는 눈으로 자신의 과거를 볼 수 있게 되었다. 그는 자신을 용서하기 힘들었으며 오랫동안 자신에게 잘못의 책임이 있는 것으로 생각했다고 말했다. 그러나 이제 그 모든 경멸감은 눈 녹듯이 사라졌다. 스탠이 그토록 간단히 치유되는 과정이 놀라울 정도였다.

육 개월 후 어느날 스탠은 말했다. "질문이 하나 있습니다. 하나님이 제게 얼마나 많은 일을 하셨는지, 얼마나 많이 용서해주셨는지 알게 되었는데, 이제는 제게 상처를 준 그 남자를 용서하는 게 어떨까요?"

나는 잠시 머뭇거렸다. 한 번도 만나보지 못한 그 사람에 대한 분노가 내 안에도 있었던 것이다. "음, 내 생각에는 말일세 … 자네가 옳다고 느낀다면 그렇게 해야지." 그는 상처를 준 그 남자를 찾아가 하나님에 대한 자신의 믿음을 이야기하고 이렇게 말했다. "난 그저 당신이 내게 했던 일을 용서한다고 말해주고 싶었습니다."

더욱 놀라운 일은 스탠이 계속해서 그를 찾아가 하나님도 그를 용서하기 원하며, 그를 사랑하고, 그가 행복하기를 바라신다고 말했다는 사실이다. 그 남자가 스탠의 믿음에 대해 더 깊이 알고 싶어했고, 그들은 하나님의 용서에 대해 이야기를 나누었다. 스탠은 고통스러운 과거를 희망찬 미래로 바꿀 수 있었으며 다른 사람도 그렇게 하도록 도와주었다.

이런 이야기를 들으면 정의에 대한 가치관이 흔들릴지도 모르겠다. 그러나 용서에 대한 하나님의 경제학에서 유일한 불공평은 용서하지 않는 것뿐이다.

용서받은 것을 깨달은 후

스탠의 이야기는 용서라는 아름다운 그림을 보여준다. 그 속에서 우리는 우리에게 상처준 사람을 용서하는 과정의 일부가 되는 요소를 볼 수 있다.

그 이야기가 우리에게 시사하는 첫 번째 사실은 하나님은 우리를 인도하시어 타인을 용서하게 하신다는 것이다. 바울은 에베소 사람들에게 말했다. "서로 용서하기를 하나님이 그리스도 안에서 너희를 용서하심과 같이 하라"(엡 4:32). 바울은 하나님의 용서가 우리가 서로에게 베푸는 용서의 근거가 된다고 호소하고 있다.

제자들에게 "우리가 우리에게 죄 지은 자를 사하여준 것 같이 우리 죄를 사하여주옵시고"라고 기도하라고 말씀하셨을 때, 예수님은 단순히 용서를 명령한 것이 아니라 용서받은 사람이 어떤 일을 하는지 묘사하신 것이다. 그분은 우리가 정확히 용서받은 만큼 용서한다는 사실을 말씀하셨고, 또한 용서하지 않는 것은 자신이 얼마나 많이 용서받았는지 모르기 때문이라는 사실도 지적하셨다.

하나님이 우리를 용서하셨으므로 우리도 다른 사람을 용서해야 한다. 바울은 골로새 교인들에게 간곡히 권면한다. "누가 누구에게 불만이 있거든 서로 용납하여 피차 용서하되 주께서 너희를 용서하신 것 같이 너희도 그리하고"(골 3:13). 예수님도 제자들에게 용서해야 할 사람이 있다면 하나님 앞에 기도하러 오지 말고 먼저 그 사람을 찾아가라고 하셨다. 하나님의 관점에서 용서가 기도보다 더 중요함을 보여주는 말씀이다(막 11:25 참조).

스탠이 자신을 학대한 사람을 용서하기 원했던 것은 용서를 경험했기 때문이다. 그는 자신을 처벌하고자 하는 욕구를 떠나보내고 기쁨으로 충만한 자유를 맛보았다. 그가 모든 사람과 함께 그 이야기를 나누고 싶어하다니 놀라운 일이다. 자신에게 고통을 준 그 사람에게까지.

빚을 탕감하다

누군가 우리에게 해를 입혔다면 그는 빚을 진 것이다. 그는 우리에게 무언가를 갚아야 한다. 그렇기에 정당한 손해 배상을 하지 않은 사람, 빚을 갚지 않은 사람을 용서하기는 매우 어렵다. 용서는 누군가 지불하지 않은 빚, 앞으로도 지불하지 않을 빚을 탕감해주는 것을 의미한다.

사실 용서는 이치에 맞지 않다. 용서할 때 우리는 빚을 면제해준다. 그리고 이렇게 말한다. "더이상 당신이 해야 할 일은 없습니다. 이 장부에서 당신의 이름을 없애고 결손액을 지우겠습니다."

이것이 바로 스탠이 그 남자를 용서하면서 했던 일이다. 그는 빚을 면제해주었다. 본질적으로 그는 이렇게 말한 것이다. "오랫동안 그 빚을 기억해두고 있었지만, 그것은 나를 파괴시킬 뿐이었습니다. 이제 다 잊어버렸으니 우리 과거라는 감옥에서 나갑시다. 당신과 나는 이전에 일어났던 모든 일로부터 자유롭습니다."

상처 준 사람을 있는 그대로 받아들이라

피해를 당했을 때, 나는 가해자가 정의의 심판대 앞에 설 뿐 아니라 내가 용서해주기 전에 그가 먼저 변화되기를 원한다. 죄를 지은 사람에게 어떤 변화가 일어나서 내가 베푸는 용서가 정당해지기를 바란다. 그러나 불행하게도 그런 일은 쉽게 일어나지 않으며, 내 남은 삶을 위해서도 상대방이 변화될 때까지 기다릴 수만은 없다.

가해자를 찾아간 스탠은 그가 변화되었는지 아닌지에 관심이 없었다. 스탠의 용서를 받기 위해 상대가 먼저 했던 일은 없었으며, 게다가 처음에는 일어났던 일을 변명하려고까지 했다. 그러나 스탠은 아무것도 문제 삼지 않았다. 그는 그 사람을 있는 그대로 받아들였으며 용서하기 위해 어떤 변화를 요구하지 않았다.

용서에는 어떠한 조건도 없어야 한다. 빚을 탕감해준다고 해서 차후에 상대의 행동이 변화되기를 요구해서는 안 된다. 그것은 용서가 아니다. 용서받은 사람이 변화하는 것을 봐야겠다고 고집하는 한 우리는 여전히 과거의 노예가 될 것이다. 상대방을 완전히 용서했을 때 비로소 우리는 자유로울 수 있으며, 완전한 용서는 있는 모습 그대로 상대를 받아주는 것을 의미한다.

악을 선으로 바꾸시는 하나님

　용서의 마지막 요소는 과거에 일어난 일을 통해 하나님이 우리를 성숙시키시도록 자신을 맡기는 것이다. 이미 일어났던 일은 바꿀 수 없지만 풍성한 하나님의 돌보심 안에서는 악도 선이 될 수 있다.
　스탠이 애초에 끔찍한 경험을 하지 않았으면 좋았겠지만, 결과적으로 놀라운 일들이 일어났다. 그 경험은 먼저 스탠을 하나님의 용납과 사랑으로 이끌어주는 도구가 되었다. 또한 그로 인해 스탠은 비슷한 고통을 겪고 있는 사람들에게 더욱 민감하고 동정심을 갖게 되었다. 마지막으로, 그의 이야기는 하나님이 사람을 어떻게 바꾸시는지에 대한 그분의 능력을 보여주는 좋은 예가 되었다.
　하나님은 고통스러우며 해를 끼치는 일을 취해 훨씬 아름다운 일로 바꾸실 수 있다. 요셉의 이야기를 보라. 그의 형제들은 질투심에 가득 차 그의 죽음을 가장하고 노예로 팔아넘겼다. 그러나 후에 믿기 어려운 결말을 맞게 된다. 요셉은 형들에게 말한다. "당신들은 나를 해하려 하였으나 하나님은 그것을 선으로 바꾸사"(창 50:20).
　하나님이 우리에게 악을 보내셨다고 믿지는 않지만, 우리 고통을 영적 성장의 수단으로 사용하실 수 있다고 믿는다. 언젠가 무심한 친구의 한 마디에 마음이 상해 며칠 동안이나 그를 미워했던 적이 있었다. 기도중에 나는 마음에 무거운 짐이 있음을 느꼈고, 하나님께 어떻게 하면 좋을지 알려달라고 말했다. 하나님이 말씀하셨다. "그를 용서하렴."
　"어떻게요?" 나는 물었다.

그러자 하나님의 속삭임이 들렸다. "네 앞의 의자에 그가 마주앉아 있다고 상상해보렴. 그리고 그에게 용서한다고 말해라."

나는 그렇게 했다. 그러자 마음에 있던 무거운 짐이 사라지는 듯했다. 그것으로 끝나지 않았다. 하나님은 말이 얼마나 큰 상처를 줄 수 있는지 생각해보도록 하셨다. 나는 그분과 함께 내가 사용하는 말이 어떤지, 또 자리에 없는 사람에 대해 내가 얼마나 부주의하게 말하는지 되돌아볼 수 있었다. 한때의 가슴아픈 상처가 나를 성장시키는 도구로 사용되었다.

용서하기 어려울 때 용서하라

용서하기 가장 어려운 두 가지 유형의 사람이 있다. 첫 번째는 더 이상 나와 함께 있지 않는 사람이며, 두 번째는 내가 용서하든 말든 상관하지 않는 사람이다.

로저는 자동차를 운전했던 사람이 사망했다는 소식을 들었을 때, 그를 용서할 기회를 놓쳤다는 생각에 실망했다. 1년 전에만 만나러 갔어도 그와 마주보며 용서한다고 말할 수 있었을 것이다. 로저는 그에게 직접 이야기하고 싶었지만, 그 경험을 통해 우리가 용서하려는 사람이 반드시 살아 있어야 할 필요는 없다는 사실을 알게 되었다. 용서받을 사람이 살아서 육신으로 존재하는 것은 아니었지만, 로저는 그에 대한 용서를 마무리짓는 심정으로 전화를 끊을 수 있었다.

우리에게는 용서받아야 할 사람이 먼저 용서를 구하기를 바라는 마음이 있기 때문에, 용서를 구하지도 않는 사람을 용서해주는 것은 어렵다고 느낀다. 용서는 매우 힘든 일이다. 별 생각 없이 용서하는 사람은 없다. 그러므로 누군가를 진정으로 용서할 때 우리는 그들이 감사하는 마음으로 받아들이기를 원한다.

그러나 그들이 용서를 바라지 않는다고 해서 용서하려는 마음을 돌이킬 필요는 없다. 용서하는 것은 가해자가 용서를 원하기 때문이 아니라 우리가 자유하길 원하기 때문이다. 그들의 행동에 따라 우리의 행동을 결정해서는 안 된다.

대면하여 용서해야 하는 경우

지금까지 상처를 입은 자의 역할과 책임에 대해 많은 이야기를 나누었다. 그렇다면 상처를 입힌 자의 경우는 어떠한가? 지금까지 용서의 과정에서 가해자가 한 일은 없다. 앞서 말했듯이 우리가 용서한 사실을 그들이 모른다 해도 또는 상관하지 않는다 해도 용서는 가능하고 또 필요한 일이다.

그러나 이상적으로 용서는 우리에게 상처를 입힌 사람과 직접 대면할 때 온전히 이루어진다. 때로는 상대를 일대일로 만나는 것이 현명하지 않을 수도 있다. 용서에 부정적인 반응을 보이는 사람들이 있는가 하면 일어났던 일마저 정당화하려 드는 사람이 있기 때문이다.

꼭 개인적으로 만나 용서해야 하는 것은 아니지만 그것이 가장 좋은 방법이긴 하다. 반드시 개인적으로 만나 용서해야 하는 두 가지 경우가 있다. 첫 번째는 그 사람이 용서를 구했을 때이고, 두 번째는 그렇게 하는 것이 옳은 방법이라는 분명한 확신이 들 때다. 그럴 때에는 충동적으로 일을 진행해서는 안 되며, 신뢰할 만한 사람들의 도움을 받으며 기도하는 가운데 그러한 방법이 도움이 될지 분별해야 한다.

자신에게 피해를 준 사람과 만나는 것이 좋다고 생각하면 다음 사실을 마음에 새겨야 한다. 중요한 것은 무엇이 옳고 그르냐가 아니라 빚을 탕감해주는 것이다.

내게 상처를 주었던 사람과 만난 적이 있다. 나는 그때 그가 얼마나 잘못했으며 얼마나 어리석었는지 알려주고 싶은 욕구가 치솟는 것을 느꼈다. 용서하기는커녕 그가 실제로 저지른 잘못보다 더 자신에 대해 나쁘게 느끼게 해주고 싶었던 것이다. 그 순간 나는 내가 아직 그를 용서할 준비가 되지 않았음을 깨달았다.

시간을 들여 자신이 정말 용서할 준비가 되었는지, 아니면 더 깊은 상처를 남기고 싶은 것은 아닌지 확실히 알아야 한다. 상대를 만나려는 마음이 비난을 위해서가 아니라 두 명의 죄수 모두를 자유롭게 하기 위해서라면 준비는 끝난 것이다.

용서했음을 알려주는 신호

자기 자신을 용서할 때와 마찬가지로 다른 사람을 용서하기까지는 시간이 필요하다. 때로는 우리가 언제 그 사람을 용서했는지 모를 수도 있다. 그러나 우리가 자유를 향한 길로 확실히 들어섰음을 알려주는 두 가지 신호가 있다.

우리가 완전히 용서했음을 보여주는 첫 번째 신호는 그 사건을 둘러싼 오래되고 어두우며 분노했던 감정이 사라져버리는 것이다. 물론 그 일을 생각할 때 약간의 감정적 반응이 나타날 수 있지만 더이상 크게 개의치 않게 된다. 한때 우리를 아프고 화나게 했던 기억들이 지금은 마음속에서 작은 부분으로 남는다. 그 사람이나 그 일을 생각할 때 여전히 분노가 일어난다면, 용서를 위해 아직 시간이 더 필요한 셈이다.

우리가 용서했다는 또 다른 지표는 피해를 준 그 사람이 잘 되기를 바라는 자신을 발견할 때다. 신학교 시절, 집으로 오는 길에 네 명의 남자에게 습격을 당했다. 그들은 총으로 위협하며 나를 납치했는데 나중에는 그냥 풀어주었다. 별 피해는 입지 않았지만 그것은 섬뜩한 경험이었다. 그들은 나뿐 아니라 몇몇 다른 사람들에게도 그런 행동을 저질렀으며 그날밤에 잡혀 감옥에 들어갔다.

몇 년 후 나는 그들을 용서할 수 있게 해달라고 하나님께 기도했다. 어느날 문득 그들에 대해 생각하다가 그들이 어떻게 살고 있는지 궁금해졌다. 연락이 되기를 원했지만, 경찰은 그들의 이름과 행방을 알려주지 않았다. 그럼에도 불구하고 나는 그들을 위해 기도하기 시작했고, 그들이 하나님의 사랑과 용서를 알게 해달라고 간구했다. 그 순간 나는 내가 그들을 진정으로 용서했다는 사실을 깨달았다.

사랑은 허다한 죄를 덮느니라

오랫동안 "사랑은 허다한 죄를 덮느니라"(벧전 4:8)는 구절이 다른 사람을 사랑함으로써 내 죄를 덮을 수 있다는 것을 뜻한다고 생각했다. 죄를 많이 지었으므로 나는 남들보다 많이 사랑해야 한다고 생각했던 것이다.

그러던 어느날 갑자기 그 구절에 담긴 의미가 새롭게 떠올랐다. 서로에 대한 사랑이 서로의 죄를 덮어준다. 하나님의 사랑과 용납, 그리고 용서에 푹 잠길 때, 나는 나를 둘러싼 사람들의 죄를 용서하게 되었다. 복수하고 싶은 열망이 사라지고 긍휼을 베풀고 싶은 열망이 자라났다.

용서는 다른 사람의 죄를 씻어주라고 주신 하나님의 선물이다. 그들을 위해서 뿐만 아니라 나를 위해서. 서로를 용서함으로써 우리는 용서하지 못하는 마음이 주는 숨막히는 압력으로부터 자유로워진다. 죄수들이 자유를 얻으며, 악은 선으로 바뀐다. 고통은 멎고 즐거움을 누리는 삶은 다시 우리 것이 된다.

하나님은 참으로 놀라운 사랑의 하나님이시다.

함께 생각해볼 문제

1. "상처로 인해 마음이 아플 때, 그리고 정말 그 상처가 크게 다가올 때 용서하는 것은 매우 어렵다. 정말이지 상처를 준 사람을 용서하는 것은 꿈에서라도 하고 싶지 않은 일이다."
— 용서해줄 수 없을 만한 상처를 받은 적이 있습니까? 혹시 지금도 그 상처로 인해 용서하지 못하는 사람이 있습니까?

2. 용서에 대한 네 가지 오해들을 다시 정리해보십시오. 이 가운데 당신으로 하여금 용서하지 못하게 만들었던 요소는 무엇입니까?

3. "용서는 다른 사람의 죄를 씻어주라고 주신 하나님의 선물이다. 그들을 위해서뿐 아니라 나를 위해서. 서로를 용서함으로써 우리는 용서하지 못하는 마음이 주는 숨막히는 압력으로부터 자유로워진다."
— 하나님은 용서를 통해 고통스러운 과거를 아름답게 바꾸실 수 있습니다. 다른 사람을 용서하면서 성숙해진 경험이 있습니까? 그리고 현재 당신이 용서해야 할 사람이 있다면, 치유하시는 하나님의 손길에 내려놓을 수 있겠습니까?

PART 3

하나님의
돌보심을
경험하기

Experiencing

God's

Care

7장_ 위대한 하나님, 사소한 내 문제

하늘나라,
우리를 감싸고 있는 하나님의 평온함
— 에블린 언더힐

조지 뮬러는 어려운 형편에 있는 이들을 돕는 일에 헌신했던 사람이다. 그는 설립한 고아원을 살리기 위해 고군 분투했다.

한때 그는 고아원 사역에 대해 이렇게 썼다. "기금이 바닥났다. 예비로 남겨두었던 것들까지 다 팔아야 할 지경에 이르렀다." 뮬러와 그의 동역자들이 나흘째 기도하던중에 한 여성이 엄청난 액수의 기부금을 들고 고아원에 찾아왔다. 그녀는 원래는 일찍 오려고 했으나, 나흘 동안 다른 곳을 여행하느라 이제야 왔다고 했다.

뮬러는 이어서 이렇게 말한다. "그 돈이 고아원을 위해 나흘 전부터 이미 준비되어 있었던 것이다. 하나님은 처음부터 우리를 도우실 마음이 있었다는 것을 나는 깨달았다." 뮬러의 전 생애는 하나님의 돌보심을 보여주는 간증의 연속이다. 그는 날마다 보이지 않는 하나님의 손이 역사하시는 것을 보며 그분을 더욱 신뢰하는 법을 배웠다.

어느날 뮬러는 어떤 사람에게 브리스톨 고아원 상황이 어려워 아이들에게 충분한 음식을 제공하기 힘들다고 이야기했다. 그러자 그 사람은 "당신은 하루 벌어 하루 먹고 사는 사람 같군요"라고 말했다. "그렇습니다." 조지 뮬러는 계속해서 말했다. "먹는 사람은 저이지만 버는 분은 하나님이지요."

뮬러는 하나님이 우리를 돌보길 원하실 뿐 아니라, 실제로 매일 우리 각자의 삶에서 돌보고 계신다는 믿음을 잃지 않았다.

정말 하나님이 돌보고 계실까?

많은 사람들이 실로 많은 걱정과 염려, 두려움을 안고 살아간다. 삶은 매순간 고난의 연속이며, 우리는 자신을 지키고 보호하기 위해 매순간 애써야 한다. 지금도 고난이나 위기에 직면한 채 하나님이 함께 하시지 않는다고 낙심한 사람들이 곳곳에 있다.

조지 뮬러의 간증을 들으면 궁금해진다. "정말 하나님이 우리를 돌보고 계실까? 아니면 그런 이야기들은 그저 우연의 일치인가?" 하나님이 정말 사랑을 베풀고 계시다면 그것을 어떻게 확신할 수 있는가? 하나님이 정말 우리를 돌보고 계시다면 왜 우리는 아직도 고난을 겪어야 하는가?

문제는 우리를 돌보실 때 하나님이 익명으로 남길 원하신다는 데 있다. 조지 뮬러의 고아원 이야기에서 우리는 그 여성이 기도의 응답으로 온 건지, 아니면 단순히 인간적인 친절을 베풀려고 온 건지 알 수 없다. 우리를 향한 하나님의 놀라운 사랑은 부드럽지만 강제적이지 않기 때문에 우리는 이 질문에 답할 수 없다.

하나님이 하늘에서 돈을 떨어뜨리셨다면 의심할 여지는 없어지는 대신, 뮬러는 자유로이 믿기로 선택할 수 있는 능력을 잃어버렸을 것이다. 하나님은 우리를 사랑하시기에 항상 의심할 수 있는 여지를 남기신다. 그러나 또한 믿을 만한 충분한 이유도 주신다.

하나님 없는 삶

어느날 스스로에게 이런 질문을 해보았다. "하나님이 계시지 않는다면 나의 인생은 어떻게 될까?" 그런 상황 속에 처한 느낌은 어떨까 상상해보며 마음에 떠오르는 단어들을 적어내려갔다. 염려, 걱정, 두려움, 절망. 하나님이 계시지 않는다면, 이 세상은 지금보다 훨씬 더 두려운 곳이 될 것이다.

물론 하나님이 우리를 돌보고 계신다는 사실을 믿지만, 가난에 허덕이며 사는 사람들이나 외로움에 고통받는 사람들을 볼 때마다 그 믿음과 씨름하게 된다. 자녀를 살해한 어머니 이야기를 들을 때나 학살과 폭력, 전쟁에 관한 영상을 볼 때 내 안에 하나님의 돌보심에 대한 의심이 고개를 들기 시작한다. 내 영혼은 울부짖는다. "하나님, 어디에 계십니까?"

　나는 하나님이 우리의 자유 의지를 매우 가치 있게 여기신다는 것을, 그렇기에 우리 고통을 덜어줄 수 있을 때라도 그 자유 의지를 침해하지 않으신다는 것을 조금씩 배우고 있다. 또한 하나님은 우리 고통 가운데 함께하신다는 것을, 아니 다른 어떤 순간보다 우리가 고통스러울 때 더욱 가까이 하신다는 것을 배우고 있다.

　정신적, 신체적 장애인들을 돌보는 한 남자는 매일 일과가 끝날 무렵 이렇게 묻는다고 한다. "오늘 나는 한 사람의 아픔 속에 예수님이 함께하신다는 것을 어떻게 경험했는가?"

　하나님을 믿는 사람은 모두 완전한 평안과 번영을 경험한다는 그럴 듯한 생각을 나는 단념했다. 신앙심이 얼마나 깊든 간에 삶은 고난의 연속이다. 그러나 그 가운데 결코 소멸하지 않는 위로의 영이 함께 계신다. 때로는 우리가 공허함과 두려움, 혼란스러움과 불안감을 경험하도록 두시지만, 하나님은 결코 우리를 버리지 않으신다.

가만히 있어 알라

　아내가 임신했다는 사실을 알았을 때, 아내와 나는 너무나 기쁜 나머지 주위 사람들 모두에게 그 소식을 전했다. 나는 그 아기가 누구를 닮았을지, 아들일지 딸일지 그려보기도 했다. 이전에는 경험하지 못했던 기쁨이 벅차올랐다.

　그러나 임신 사실을 알고 나흘 후에 아내는 출혈을 했고 우리는 아이가 유산될까봐 두려웠다. 병원에서 검사 결과를 기다리는 동안, 나는 우리에 갇힌 짐승처럼 초조히 실내를 오가며 하나님께 도와달라고 기도했다. 잠시 후 진료실에서 나온 의사는 메간이 유산했다고 말했다. 세상이 무너져내리는 것 같았다.

많은 사람들이 "괜찮을 거야. 아이는 또 가지면 되잖아"라고 위로했지만 아무 도움이 되지 않았다. 나는 메간을 위해, 메간은 나를 위해 강하게 마음먹기로 결심했지만 우리 삶에는 절망의 먹구름이 가득 드리웠다.

몇 주 후 한 여성이 우리 집을 방문했다. 내가 알기로 그녀는 아내의 유산 소식에 대해 모르고 있었다. 그렇지만 그녀는 방에 들어와 나를 똑바로 쳐다보며 이렇게 말했다. "부디 가만히 있어 그분이 하나님 되심을 아십시오." 부드러운 그녀의 목소리에는 하나님의 능력을 전해는 어떤 권위가 실려 있었다.

그 말씀이 머리에서 떠나지 않았다. "너희는 가만히 있어 내가 하나님 됨을 알지어다"(시 46:10). 몇 시간이 지났을까, 온기와 평안함이 밀려왔다. 하나님이 주관하고 계심을 나는 깨달았다. 나는 비록 그 상황을 이해할 수 없지만 하나님은 모든 것을 알고 계셨다. 마음에 평강이 차올랐고 모든 것이 잘 되리라는 확신이 생겼다. 비록 당장은 이해할 수 없지만 말이다.

삼 개월 후에 메간은 다시 임신했다. 아내가 그 소식을 전해주었을 때 내가 가장 먼저 했던 일은 기도였다. 하나님이 내 마음에 속삭이셨다. "두려워 말라. 모두 잘 될 것이다." 그 말씀은 그날뿐 아니라 그 후로 아홉 달 동안 계속해서 내 안에서 메아리쳤다. 평안한 마음이 내 속에 있던 염려 하나하나를 다스리고 있었다.

위기에 봉착했을 때 공포를 느끼고 허둥대며 급히 결론을 내려 비합리적으로 행동하는 것은 우리로서는 당연한 일이다. 하지만 이러한 순간일수록 우리는 가만히 있어야 한다. 가만히 있을 때, 잠잠히 기다릴 때 비로소 부드럽게 속삭이시는 하나님의 음성을 들을 수 있기 때문이다. "내가 하나님이다, 내가 하나님이다, 내가 하나님이다." 그 음성은 우리가 하나님이 아님을 다시 상기시켜준다. 이는 정말 중요한 깨달음이 아닌가?

두려워 말라

하나님이 내게 몇 번이고 속삭이시는 말씀 중에서도 가장 자주 하시는 말씀은 "두려워 말라"다. 영혼 깊숙이 그 말씀이 들려올 때마다 나는 하나님이 말씀하고 계심을 안다. 온전한 사랑은 두려움을 내어 쫓는다(요일 4:18). 그렇기에 이러한 말씀으로 평온해질 때마다 나는 그 말씀이 하나님으로부터 왔음을 알게 된다.

나도 살아가면서 자주 두려움을 경험한다. 이곳저곳에서 비행기, 기차, 자동차 사고가 연이어 일어난다. 알고 지내던 사랑하는 사람들이 병을 얻고 세상을 떠난다. 친구들은 이혼하고 아이들은 상처를 받는다. 참으로 어둡고도 위험한 세상이다.

그러나 "두려워 말라"는 말씀이 내 영혼을 붙잡는다. 두려움이 엄습해와도 나는 보통 그리 오래 두려워하지 않는다. 하나님이 주관하심을 알고 있기 때문이다. 혼란 가운데 있거나 무서운 일이 일어날 때, 나는 하나님이 그분의 뜻을 이루신다는 것을 확신한다.

하나님은 결코 나를 잊지 않으신다. 품에 아기를 안아 젖을 먹이고 있는 어머니처럼 하나님은 결단코 자녀를 잊지 않으신다. 그 어머니는 혹시 그 아기를 잊더라도 하나님은 잊지 않으신다(사 49:15 참조). 긍휼하신 하나님의 사랑이야말로 내가 신뢰할 든든한 기초다. 나를 보호하기 위해 나는 나 자신도, 심지어 이 나라도 믿지 않는다. 하나님을 신뢰하는 법을 배우고 있기에 나는 평안하다.

하나님은 어떤 분인가?

우리가 종종 하나님을 신뢰하는 데 어려움을 겪는 것은 하나님을 알지 못하기 때문이다. 하나님은 우리가 상상하는 것보다 훨씬 더 위대하며, 우리가 이해하기에 너무나 광대한 분이시다.

우리에게 예수님이 중요한 것도 이러한 이유 때문이다. 예수님은 하나님의 본성에 대한 명확한 그림을 보여주신다. 예수님 안에서 우리는 하나님의 긍휼하심을 보고, 하나님의 온유하심을 보며, 우리를 돌보기 원하시는 하나님의 열망을 본다. 그 말씀을 한 번도 듣지 못했다 해도 그분의 행동을 보는 것만으로도 우리는 하나님의 성품에 대해 알 수 있다.

어느날 한 자리에 앉아 마가복음을 처음부터 끝까지 훑어본 적이 있다. 손에는 형광펜을 들고 예수님의 행동을 묘사하는 모든 동사에

밑줄을 그었다. 이렇게 마가복음을 다 읽었을 때 하나님의 성품에 대해 그 어느 때보다 많은 것을 배울 수 있었다.

예수님의 행동을 묘사하기 위해 마가는 제일 먼저 '오셨다'는 동사를 쓴다. 예수님은 우리에게 오셨다. 하나님의 첫 번째 움직임은 우리와 함께 있기 위함이었다.

임마누엘, 하나님이 우리와 함께 계신다. 우리가 하나님께 나아가기 오래 전에 하나님은 우리에게 오셨다. 우리는 우리가 하나님을 찾고 있다고 생각하지만, 실제로 우리는 우리를 찾으시는 하나님께 반응할 뿐이다.

그 외에도 많은 동사들이 있다. 마가는 예수님을 다음과 같이 묘사한다. 예수님은 '가르치시고' '고쳐주셨으며' '그 여자에게 다가가 손을 잡아 일으키셨고' '죄를 사하셨다'. 우리는 '식사하시는' 예수님, '불쌍히 여기시는' 예수님, '안수하시는' 예수님을 본다. 그분은 '축복하셨으며' '찬미하셨고' '큰 소리를 지르시며' '죽으시고' '죽음에서 일어나셨다'. 이 모든 것은 긍휼한 사랑에서 나온 행동이었다. 하나님이 어떤 분인지 알기 원한다면 예수님의 행동을 살펴보아야 한다.

하나님의 약속

예수님의 행동과 더불어 예수님이 하신 말씀에 귀를 기울이면 하나님의 돌보심에 대해 배울 수 있다. 예수님은 굳건하고 변치 않는 약속을 우리에게 주셨다. 경험으로 알게 된 두 가지 진리가 있다.

첫 번째 진리는 이것이다. "내가 또 너희에게 이르노니 구하라 그러면 너희에게 주실 것이요 찾으라 그러면 찾아낼 것이요 문을 두드리라 그러면 너희에게 열릴 것이니"(눅 11:9).

하나님이 우리 필요에 응답해주실 것이라고 예수님은 우리에게 약속해주셨다. 우리가 믿음으로 하나님께 나아갈 때 하나님은 얼굴을 돌리지 않으신다. 구할 때 우리는 받을 것이지만, 그 응답은 우리가 생각하는 시간에 오지 않을 수도 있다. 하나님은 모든 기도에 응답하실 만큼 은혜로우시다.

과거를 돌아볼 때마다 나는 지난날 많은 기도들이 잘못된 방향이었거나 잘못 알고 구했던 것임을 깨닫는다. 하나님이 내가 구한 '모든' 기도에 응답해주시지 않았다는 사실이 얼마나 감사한지 모른다.

마틴 루터는 기도하면서 절대로 수단, 방법, 시간 또는 장소를 정하지 말라고 했다. 우리보다 더 높으신 하나님의 지혜를 믿어야 한다고 생각했기 때문이다. 예수님도 제자들에게 이와 비슷한 말씀을 하셨다. "또 기도할 때에 이방인과 같이 중언부언하지 말라 그들은 말을 많이 하여야 들으실 줄 생각하느니라 그러므로 그들을 본받지 말라 구하기 전에 너희에게 있어야 할 것을 하나님 너희 아버지께서 아시느니라"(마 6:7-8).

하나님은 우리 마음을 보고 무엇이 필요한지 아신다. 그 응답은 우리가 생각하는 대로 오지 않을 수도 있다. 그러나 반드시 응답해주신다는 것을 나는 배웠다.

나는 날마다 기도 일기를 쓰고 있는데, 중보 기도하는 사람이나 상황에 대해 적으면서 하나님께 간구하는 내용도 함께 기록해둔다. 기도마다 날짜를 써놓았기 때문에 언제 무슨 기도를 시작했는지 정확하게 알 수 있다. 기도 일기장을 돌아보면서 나는 세 가지 사실에 놀랐다. 첫째, 하나님은 결국 모든 기도에 응답하셨다. 둘째, 내가 간구한 대로 응답받은 경우는 별로 없었다. 셋째, 하나님의 응답은 항상 내가 간구한 것보다 나았다. 이런 훈련을 통해 나는 하나님의 지혜를 신뢰하는 법을 배우고 있다.

남북 전쟁중에 한 남부군 병사가 썼다는 기도문이 가끔 생각난다. 그 기도문은 우리가 구하지 않은 방법대로 응답된 축복이 얼마나 큰지를 보여준다.

> 큰 일을 이루기 위해 힘을 주십사 하나님께 기도했더니,
> 겸손을 배우라고 연약함을 주셨습니다.
> 많은 일을 해낼 수 있는 건강을 구했는데
> 보다 가치 있는 일 하라고 병을 주셨습니다.
> 행복해지고 싶어 부유함을 구했더니
> 지혜로워지라고 가난을 주셨습니다.
> 세상 사람들의 칭찬을 받고자 성공을 구했더니
> 뽐내지 말라고 실패를 주셨습니다.
> 삶을 누릴 수 있게 모든 걸 갖게 해달라고 기도했더니
> 모든 걸 누릴 수 있는 삶, 그 자체를 선물로 주셨습니다.
> 구한 것 하나도 주시지 않았지만
> 내 소원 모두 들어주셨습니다.

하나님의 뜻을 따르지 못하는 삶이었지만,
내 맘속에 진작에 표현 못한 기도는 모두 들어주셨습니다.
나는 가장 많은 축복을 받은 사람입니다.

너희를 떠나지 아니하리라

내가 신뢰하게 된 두 번째 약속은 이것이다. "내가 결코 너희를 버리지 아니하고 너희를 떠나지 아니하리라"(히 13:5).

믿음의 여정 중에 만났던 소중한 사람들 가운데 기억나는 분이 있는데, 사실 나는 그분을 딱 한 번밖에 만난 적이 없다. 그 당시 그분은 여든넷의 나이로 지혜가 매우 깊고 성품이 온화했다. 나는 그분에게 긴 세월 동안 배운 진리 중 무엇이 가장 소중하냐고 물었다. 그분은 이렇게 대답했다.

"하나님이 절대로 나를 떠나지 않으신다는 사실일세. 나는 많은 고통을 겪었지만 하나님은 언제나 나와 함께 계셨지. 이것은 내가 깨달은 가장 소중한 진리일 뿐만 아니라 내가 진실되게 믿는 유일한 것이라네."

그분과 나누었던 대화를 잊을 수가 없다. 내 인생 자체가 그것을 증명하고 있다. 나는 깊은 의심의 순간들을 경험해보았고, 하나님께 분노한 적도 있었으며, 심지어 하나님이 나를 버리셨다고 느낀 적도 있었지만 뒤돌아보면 항상 하나님이 그 자리에 계셨음을 깨닫는다. 우리가 무슨 일을 하든지 하나님은 우리를 결코 떠나지 않으신다.

사도 바울은 여러 번 시련과 박해를 당했지만 항상 그리스도의 임재를 느꼈다. 바울은 이렇게 말한다. "우리가 사방으로 우겨쌈을 당하여도 싸이지 아니하며 답답한 일을 당하여도 낙심하지 아니하며 박해를 받아도 버린 바 되지 아니하며 거꾸러뜨림을 당하여도 망하지 아니하고 우리가 항상 예수의 죽음을 몸에 짊어짐은 예수의 생명이 또한 우리 몸에 나타나게 하려 함이라"(고후 4:8-10). 고통을 겪는 순간에도 바울은 하나님이 함께하신다는 사실을 의심하지 않았다. 도리어 고통을 통해 그리스도의 생명에 대해 더 깊이 깨달았다.

축복 받은 삶의 비밀

하나님은 우리와 함께 계신다. 이것이 축복 받은 삶의 비밀이다. 시편 23편에서 묘사하고 있는 관계는 우리 모두의 것이다. "여호와는 나의 목자시니 내게 부족함이 없으리로다"(시 23:1). 히브리어 원문을 글자 그대로 표현하면 이렇다. "나에게 부족한 것은 전혀 없다."

시편 기자가 이렇듯 담대히 말할 수 있었던 이유는 하나님의 임재, 그것이야말로 우리 삶에서 필요한 모든 것임을 믿었기 때문이다. 하나님이 함께 계시기 때문에 우리는 편안히 눕고, 영혼을 위한 양식을 얻으며, 사망의 음침한 골짜기도 담대히 걸어갈 수 있다.

성경은 사람들과 함께하시는 하나님에 대한 이야기로 가득 차 있다. 에녹은 3백 년 동안 하나님과 동행했다(창 5:22). 하나님은 광야에 외롭게 남겨진 이스마엘과 함께하셨다(창 21:20). 하나님은 야곱에게 "내가 너와 함께 있어 네가 어디로 가든지 너를 지키며"(창 28:15)라고 약속하셨다. 하나님은 바로 앞에 서는 것을 두려워하던 모세에게 그 두려움을 극복하도록 도와주겠다고 약속하시면서 "이제 가라 내가 네 입과 함께 있어서 할 말을 가르치리라"(출 4:12)고 말씀하셨다.

마지막으로, 예수님은 제자들에게 이렇게 말씀하셨다. "볼지어다 내가 세상 끝날까지 너희와 항상 함께 있으리라"(마 28:20). 하나님이 우리와 함께하신다는 약속에 의지하여 우리는 히브리서 기자처럼 이렇게 고백할 수 있다. "주는 나를 돕는 이시니 내가 무서워하지 아니하겠노라 사람이 내게 어찌하리요"(히 13:6). 어떠한 상황을 만나든지 우리는 하나님의 임재와 돌보심 안에 있다.

염려 없는 삶

하나님이 항상 함께하셨기 때문에 바울은 종종 이렇게 말했다. "아무것도 염려하지 말고"(빌 4:6). 염려는 이 사회에서 가장 큰 병이다. 대부분의 사람들이 이러한 바울의 권면을 따르기가 거의 불가능하다고 생각한다. 차라리 '모든 것을 염려하지는 말라'면 모를까. 늘어나는 부채, 오르락내리락하는 경제, 학교에서의 총기 사건, 에이즈의 만연, 불안한 고용 시장 등의 상황은 미래에 대해 불안해 하고 염려하는 사람들을 양산해내고 있다.

바울이 빌립보 교인들에게 염려하지 말라고 할 수 있었던 것은 하나님이 살아 계셔서 그들과 함께하사 돌보아주신다는 것을 알고 있었기 때문이다. 바울은 그 구절을 다음과 같은 말로 끝맺는다. "다만 모든 일에 기도와 간구로 너희 구할 것을 감사함으로 하나님께 아뢰라." 바울은 이렇게 말하고 있는 것이다. 염려하지 말라. 그 대신 하나님께 기도로 아뢰라.

베드로도 그와 같은 말을 했다. "너희 염려를 다 주께 맡기라 이는 그가 너희를 돌보심이라"(벧전 5:7). 하나님은 우리가 염려를 그분에게 가지고 나아오기를 원하신다. 우리를 괴롭히는 온갖 문제들, 안고 있는 모든 염려들, 그리고 부족함을 느끼는 많은 필요들. 우리가 이 모든 것을 기도를 통해 하나님께 맡기도록 그분은 계획하셨다.

몇 년 전 한 친구는 어떻게 염려를 보자기에 '싸서' 하나님께 가져갈 수 있는지 가르쳐주었다. 나는 그것을 '염려 보따리'라고 불렀는데, 거기에는 수많은 염려들이 꽉 들어차 있었다. 기도하던 중 나는 염려하고 있는 많은 문제들을 적어보는 게 좋겠다는 생각이 들었다. 마감 일자를 맞추는 일, 어려운 상황에 처해 있는 친구들, 고통을 겪고 있는 사랑하는 사람들 등등. 나는 그 목록을 다 작성한 후 하나님께 가지고 나아가 이같이 말했다.

"하나님께 드릴 선물이 있습니다. 여기, 제 모든 염려들입니다. 주님께 기쁜 마음으로 드립니다. 제가 하는 것보다 더 나은 방법으로 이 모든 문제들을 다루어주실 것을 믿습니다."

하나님은 이런 보따리를 좋아하신다. 기도는 하나님이 만드신 것이다. 우리를 향한 하나님의 돌보심과 긍휼은 우리의 상상을 뛰어넘는다. 우리는 친구가 일자리나 집을 잃는 것과 같은 사소한 근심을 다루기에는 하나님이 너무 바쁘시지 않을까 생각할 때가 있다. 얼마나 엉뚱한 생각인가? 하나님은 아무리 하찮은 일이라 해도 우리가 마음 쓰는 일에 전적으로 마음을 쓰신다.

별과 타이어

오리건 주에 사는 웬델 바넷Wendell Barnett은 하나님이 마음껏 자신을 사용하시도록 내어드려 다른 사람들을 돌보는 일에 헌신한 목사다. 최근에 그는 한 남자에 대한 이야기를 들려주었다.

실업자인 그는 타이어를 교체해야 했지만 돈이 없었다. 하나님이 길을 열어주시기를 기도는 해도, 자기 문제 때문에 다른 사람에게 도움을 청하는 것은 주저했다. 웬델도 그 차의 타이어를 교체해야 한다는 사실을 눈치챘지만, 그가 도움을 청하지 않은 상태에서 간섭하고 싶지 않았기 때문에 그 상황을 놓고 기도만 했다.

얼마 지나지 않아, 웬델의 오랜 친구가 웬델에게 전화를 걸어 새로 나온 타이어 세트가 생겼는데 자기는 필요하지 않으니 주변에 혹시 필요한 사람이 있느냐고 물었다. 그는 있다고 말했다. 놀랍게도 그 타이어는 기도했던 남자의 차에 꼭 맞는 것이었다.

타이어? 하나님이 타이어에 관심이 있으실까? 사람들에게 타이어를 찾아주는 것보다 더 위대한 일들이 많지 않을까? 하나님의 관점에서 우리의 필요를 채워주시는 것보다 더 위대한 일은 없다. 우리가 어떤 일로 고민하든 관계없이, 하나님이 우리의 필요를 채워주기 원하신다는 사실을 우리는 꼭 알아야 한다.

하나님께 그런 일은 그다지 어려운 일이 아니다. 웬델처럼 항상 살펴보고 귀 기울이는 사람들에게 이런 일은 항상 일어난다. 하나님의 지혜와 힘과 권능은 무궁하다. 하나님은 큰 어려움 없이 수천 개의 별을 만드시고, 또한 '타이어'를 구하는 기도에도 응답하실 수 있다. 하나님은 그러실 능력이 충분하다. 그런데 그분은 그런 일을 하기 원하시는가?

우리 대부분은 하나님이 정말 우리를 돌보시는지 잘 믿지 못한다. 하나님이 항상 함께하시고, 언제나 자비로우시며, 언제나 필요를 공급해주신다는 사실을 쉽게 믿으려 하지 않는다. 시편 기자와 같이 우리도 하나님께 묻는다. "주의 손가락으로 만드신 주의 하늘과 주께서 베풀어두신 달과 별들을 내가 보오니 사람이 무엇이기에 주께서 그를 생각하시며 인자가 무엇이기에 주께서 그를 돌보시나이까"(시 8:3-4).

하나님은 물론 중동 문제나 제3세계의 빈곤 문제, 환경 파괴 문제 등으로도 바쁘시다. 우리의 조그만 문제들, 아니 제법 커다란 문제들조차 하나님 앞에서는 대수롭지 않아 보일 수 있다. 우리의 '염려 보따리'는 산타에게 보내는 편지처럼 한 번도 개봉되지 않는다고 우리는 생각한다.

성경은 우리를 몹시 사랑해 절대로 떠나지 않으시는 하나님을 묘사한다. 시편 139편에 따르면, 하나님이 계시지 않는 곳은 어디에도 없다. 우리가 산꼭대기로 올라갈지라도 거기 계시며, 깊은 골짜기로 내려갈지라도 거기 계시며, 음부로 내려갈지라도 하나님은 우리를 따라 거기로 가실 것이다.

하나님은 오늘 있다가 내일 없어질 들풀을 초록빛으로 물들이고 새들도 먹이시는데 하물며 우리를 돌보지 않으시겠는가?(마 6:30 참조) 아무도 귀 기울이지 않는 울부짖음은 없다. 하나님이 모두 들으시기 때문이다. 하나님은 우리와 함께 슬퍼하며 우리와 함께 기뻐하신다. 우리도 듣지 못하는 마음속 가장 깊은 열망의 소리를 그분은 들으신다. 하나님은 말씀 한 마디로 태양계를 하나 더 만드실 수 있지만, 무엇보다 자녀들에게 좋은 선물을 주고 싶어하신다. 타이어 한 세트라도 말이다.

평안, 세상이 줄 수 없는

예수님이 제자들에게 이제 그들을 떠나실 것이라고 말씀하셨을 때 제자들은 당연히 두려워했다. 그러나 예수님은 다음과 같은 말로 제자들을 안심시키고 확신을 심으신다. "평안을 너희에게 끼치노니 곧 나의 평안을 너희에게 주노라 내가 너희에게 주는 것은 세상이 주는 것 같지 아니하니라 너희는 마음에 근심하지도 말고 두려워하지도 말라"(요 14:27).

세상이 주는 평안은 권력과 부, 보안 경보기와 국제 조약, 지역 방범대와 듀얼 에어백 등을 통해 온다. 세상이 주는 평안은 덧없고 불안정하다. 예수님이 주시는 평안은 그분이 우리를 버리지 아니하고 떠나지 아니하신다는 사실에서 온다(히 13:5).

평안은 다툼이 없는 상태가 아니라 그리스도의 임재를 의미한다. 어떤 문제와 직면하더라도, 우리는 세상을 이기신 분의 능력과 임재 가운데 그 문제와 맞설 수 있다. 예수님은 이같이 말씀하신다. "이것을 너희에게 이르는 것은 너희로 내 안에서 평안을 누리게 하려 함이라 세상에서는 너희가 환난을 당하나 담대하라 내가 세상을 이기었노라"(요 16:33).

이삭과 이스마엘

때때로 우리는 나름대로 최선을 다하려는 나머지 하나님이 공급해 주실 때까지 기다리지 못하고, 자기 운명에 대한 통제권을 스스로 거머쥐기도 한다. 열국의 부모가 되리라는 약속을 받은 아브라함과 사라는 곧 자녀를 가질 수 있을 것이라고 생각했다.

사라가 몇 년이 지나도록 잉태되지 않자 그들은 하나님을 의심하기 시작했고, 그들 나름의 해결책을 찾으려 했다. 고민 끝에 그들은 몸종인 하갈의 몸에서 아브라함의 아이를 얻기로 했고, 얼마 후 하갈은 잉태하여 이스마엘이라는 아들을 낳았다.

구십 대가 되어서야 하나님은 원래의 약속을 이루시고 사라에게 아들 이삭을 주셨다. 약속을 주신 분은 하나님이지만 그들은 '약속'과 그 '성취' 사이에서 '인내해야' 했다. 많은 사람들이 그렇게 인내하는 것이 어떤 것인지 잘 안다. 하나님이 책임지겠다고 말씀하셨지만, 막상 문제가 생기면 우리는 이스마엘을 만들고자 하는 유혹에 빠진다.

하나님은 우리를 위해 필요한 것을 주겠다고 약속하셨지만, 그 약속에는 종종 도전도 함께 한다. 하나님이 무자비해서가 아니다. 그분은 우리가 성장하기를 원하신다. 하나님의 공급을 기다리려면 적지 않은 믿음과 인내, 그리고 신뢰가 필요하다. 그 과정을 통해 하나님은 우리 영혼을 빚고 다듬어가신다. 당시에는 괴롭겠지만, 이는 우리 믿음을 자라게 하기 위해 하나님이 택하신 유일한 방법이다.

하나님은 조지 뮬러가 재정적인 도움을 요청할 때마다 그의 기도에 응답하셨다. 뮬러가 나흘 동안 계속했던 그 기도는 사실 이미 응답된 것이었다. 그는 말한다. "하나님은 우리가 오랫동안 기도하게 하신다. 그리하여 우리 믿음을 자라게 하시며, 그 응답을 더욱 달게 받도록 하신다."

성 패트릭의 기도

성 패트릭St. Patrick은 조지 뮬러와 마찬가지로 공급하고 보호하시는 하나님의 돌보심을 직접 경험했다. 그는 수많은 시련과 병고와 박해로 고통받으면서 그 모든 일 가운데 자신을 돌보시는 하나님을 증언했다. 그가 남긴 유명한 기도에서 보호하고 인도하며 이끌어주시는 하나님의 능력을 발견할 수 있다.

그리스도여, 오늘 나를 보호하소서.

독약으로부터, 화형으로부터, 익사로부터, 상처받는 것으로부터.

그리하여 풍족한 보답이 있게 하소서.

그리스도여, 나와 함께하시며, 나보다 앞서 가시며,

내 뒤에서 보호하소서.

그리스도여, 내 안에 거하시며, 내 아래서 받쳐주시며,

내 머리 위에 머무소서.

그리스도여, 내 오른편에 거하시며, 내 왼편에 거하소서.

그리스도여, 내가 누울 때 거기 계시며, 내가 앉을 때 거기 계시고,

내가 일어설 때 거기 계시소서.

그리스도여, 나를 생각하는 모든 사람의 마음에 거하소서.

그리스도여, 나에 대해 이야기하는 모든 사람의 입술에 거하소서.

그리스도여, 나를 보는 모든 사람의 눈에 거하소서.

그리스도여, 내 말을 듣는 모든 사람의 귀에 거하소서.

— 성 패트릭의 흉패 기도

널리 퍼져 있는 자비

삶을 통틀어 볼 때 감사 제목은 너무도 많다. 조지 버트릭은 중앙에 검은 점이 찍힌 커다란 종이 한 장을 들고 사람들 앞에 섰던 한 남자의 이야기를 들려준다. 그는 사람들에게 무엇이 보이는지 물어보았다. 모두들 대답했다. "점 하나가 보입니다." 어느 한 사람도 "흰

종이가 보입니다"라고 대답하지 않았다.

버트릭은 그 이야기의 결론을 다음과 같이 내린다. "인간의 본성 중에는 감사하지 못하는 마음이 있어 검은 색의 상처만 볼 뿐 널리 퍼져 있는 자비는 잊어버린다."

그리고 난 후 버트릭은 감사할 만한 모든 것을 적어보라고 제안한다. 감사 제목을 적어보며 나는 그의 말에 담긴 진실을 깨달을 수 있었다. 감사 제목 적는 것을 시작은 했지만 끝맺을 수 없었다. 나는 숨 쉴 수 있는 공기와 낮을 밝혀주는 햇빛, 이땅에 비를 내려 신록을 만드신 하나님의 돌보심에 감사드리기 시작했다. 하나님의 사랑은 들려오는 웃음 속에 있으며, 한 잔의 시원한 청량 음료, 축제 행렬, 즐거운 기억들 속에 있다.

하나님의 돌보심은 우리의 상상을 훨씬 뛰어넘는다. 하나님이 우리에게 이 모든 것을 주신 까닭은 우리가 삶을 즐기게 하기 위해서다. 끊임없는 하나님의 사랑과 포용, 그리고 세심한 돌보심 안에서 우리는 하나님이 그러하시듯 자신을 돌볼 수 있다.

함께 생각해볼 문제

1. 나를 돌보시는 하나님의 손길을 경험했던 적이 있습니까? 고난의 연속인 삶 가운데서도 떠나지 않고 함께하신 그분의 은혜를 돌아보십시오.

2. "아무것도 염려하지 말고 다만 모든 일에 기도와 간구로, 너희 구할 것을 감사함으로 하나님께 아뢰라"(빌 4:6).
— 당신은 어떤 걱정 거리를 갖고 있습니까? 어떤 문제로 평안을 누리지 못하고 있습니까? 공중의 새들도 먹이시는 하나님 아버지 앞에 갖고 있는 염려를 내려놓으십시오.

3. "하나님의 공급을 기다리려면 커다란 믿음과 인내, 그리고 신뢰가 필요하다. 그 과정을 통해 하나님은 우리 영혼을 빚고 다듬어가신다."
— 하나님의 응답을 기다리며 기도해온 제목이 있습니까? 믿음으로 인내하는 시간을 통해 당신의 영혼을 더욱 아름답게 빚으실 하나님을 기대하며 신뢰하십시오.

8장_ 내 사랑이 참 필요한 나

> 당신의 사랑이 가장 필요한 자,
> 당신의 사랑을 받고 가장 큰 도움을 누릴 수 있는 자,
> 당신의 사랑을 가장 의미 있게 만들어주는 자,
> 이와 같이 예수님의 형제들 중 가장 작은 자를 만났는데
> 그 사람이 바로 당신이라면 어떻겠는가?
> ― 칼 융

몇 년 전, 나는 지치기 시작했다. 주말이면 집에 돌아와 몇 시간이고 쓰러져 있다가, 미루어놓았던 프로젝트를 마무리해야 한다는 부담감에 다시 일어나곤 했다. 아내도 내가 피곤해 하는 것을 눈치채고 "좀 쉬는 게 좋겠어요"라고 충고했다. 하지만 끝마쳐야 할 일이 너무 많아 쉴 생각은 아예 하지도 못했다. 그 일을 해낼 수 있는 사람은 분명 나뿐이었으니까.

월요일 아침마다 끝이 없어 보이는 경주를 시작해 가능한 대로 일을 많이 해야 했다. 휴식이 필요하다고 느꼈지만 다른 사람들과 마찬가지로 그런 생각을 머리 속에서 몰아내고 다시 일을 진행시켰다. 나 역시 과도한 업무에 지쳤다는 것을 알고 있었다. 저녁에 집에 돌아올 때쯤이면 지쳐서 아들 제이콥과 놀아줄 힘조차 없었다. "미안해, 제이콥. 아빠가 좀 쉬어야겠다." 나는 소파 위에 쓰러졌다.

며칠 후 나는 우연히 네 번째 계명에 대한 글을 접하게 되었다. "안식일을 기억하여 거룩하게 지키라"(출 20:8). 바쁘게 쫓기던 시간 속에서 안식일을 기억하고 실천하는 것에 대해 배워야 할 필요가 있겠다는 생각이 들어 안식을 주제로 책을 한 권 사서 읽었다. 그리고 아내와 함께 안식을 실천할 수 있는 몇 가지 아이디어를 나누었다. 처음에는 별 반응을 보이지 않던 아내도 안식을 실천함으로써 우리가 한 가족으로 방해받지 않는 시간을 보낼 수 있다는 설명을 듣고 나서는 관심을 가졌다.

그후 몇 달 동안 우리는 예수님이 하신 다음 말씀이 무엇을 의미하는지 배웠다. "안식일이 사람을 위하여 있는 것이요 사람이 안식일을 위하여 있는 것이 아니니"(막 2:27). 안식을 실천하기 시작하자 가족과 인간 관계, 그리고 일과 영적 삶에 변화가 일어났다.

아내는 멋진 아이디어를 내놓곤 했는데, 예를 들면 토요일 저녁에 하루 먹을 양식을 준비해두었다가 주일날 먹는 것과 같은 것이었다. 우리는 주일을 일상의 허드렛일에서 완전히 자유로운 날로 만들었다. 여행이나 소풍도 가지 않고 정원 일도 하지 않고 여유로운 쉼과 과 대화의 시간으로만 채웠다.

우리가 제일로 삼은 규칙은 이랬다. 우리는 무엇이든 할 수 있다, 그것이 무언가를 성취해내는 일이 아니라면 말이다. 이상하게 들릴지 모르지만 그것은 굉장히 어려운 일이다. 그러나 이러한 규칙은 삶에 극적인 변화를 일으킨다.

　정말 경이로운 사실은 하나님은 우리가 자신을 보살피는 것에 대해서도 관심을 가지신다는 것이다. 자신을 보살피는 일은 이기적인 것이므로, 스스로에게 일부러 안락이나 즐거움을 허용해서는 안 된다고 나는 오랫동안 잘못 생각해왔다. 안식을 제정하신 하나님이 일주일 가운데 하루는 자기 몸을 쉬게 하고 영혼을 위해 시간을 내야 한다고 주장하시는 것을 보면 그분이 우리를 참으로 돌보고 계심을 알 수 있다. 나는 이 사실로부터 나 자신을 돌본다는 것이 무엇인지 깨닫고 그 자유를 누리게 되었다.

돌보시는 하나님의 손길에 나를 맡기라

　나를 돌보는 문제는 우리를 돌보시는 하나님께 나를 내맡기느냐에 의해 좌우된다. 하나님이 우리를 돌보시는 방법 중에는 우리로부터 하나님 당신을 숨기는 것이 있다. 우리의 자유를 소중히 여기시는 하나님은 강제로 우리가 그분을 사랑하고 순종하도록 만들지 않으신다. 그렇기 때문에 그분은 분명 우리와 함께하시나 우리 눈에는 보이지 않는 상태로 계시는 것이다.

　하나님이 함께하신다는 사실을 확인하고 싶다면, 먼저 하나님을 찾아야 한다. 이렇게 하나님을 찾는 것, 하나님의 임재에 의식적으로 마음을 여는 것이야말로 자기 자신을 돌보는 근본적인 방법이다.

　종교적 행위의 상당 부분이 사실은 하나님과 우리를 더 멀어지게 만든다는 사실을 나는 깨닫기 시작했다. 그러므로 우리 삶에 하나님의 임재를 이끌어내는 것이 중요하다. 메간과 나에게 안식을 실천하는 것은 일상 속에 하나님이 들어오시도록 공간을 마련하는 중요한 방법이었다. 우리는 하나님의 생명과 사랑이 우리 가정에 들어오도록 허락함으로써 우리 자신을 돌보았다.

하나님은 우리를 초청하여 당신의 임재와 능력, 지혜와 힘이 우리 삶에 녹아들게 하신다. 우리는 매일을 살면서 이러한 하나님의 사역을 목격하도록 부름받았다. 하나님은 우리가 삶의 모든 순간마다, 특히 어려운 순간에 도움을 요청하기를 원하신다. 그분은 사람들이 부자연스러운 관계, 고통스러운 기억, 가정에서의 시련 등을 자기 힘으로 해결하려 애쓰는 모습을 보면서 아파하신다. 하나님이 우리를 돌보시듯 자기 자신을 돌보는 것은 하나님이 우리 삶의 일부가 되도록 허락하는 것을 의미한다.

우리에게 필요한 것은 단지 믿고 구하는 것뿐이다. 다윗은 말한다. "내가 여호와를 항상 내 앞에 모심이여 그가 나의 오른편에 계시므로 내가 흔들리지 아니하리로다"(시 16:8). 다윗은 하나님의 임재에 집중하기 위해 노력했다. 하나님은 여기 계신다. 책을 읽는 이 순간에도 하나님은 함께 계신다. 우리는 가끔 다른 것에 집중하느라 하나님의 임재를 전혀 느끼지 못하고 살아갈 때도 있다.

다윗은 하나님을 항상 앞에 모심으로써 강해질 수 있다는 사실을 알았다. 그래서 그는 "내가 요동치 아니하리로다"라고 고백할 수 있었다. 우리가 자신을 돌볼 수 있는 근거는 하나님이 함께 계신다는 사실에 있다.

우리가 여기 있는 이유

하나님은 왜 우리와 함께 계실까? 우리는 왜 여기 있는가? 우리가 여기 있는 이유는 하나님이 우리를 위해 준비하고 계신 일이 너무나 특별해 우리가 하나님의 사랑을 전하는 놀라운 증인이 될 것이기 때문이다. 우리를 위해 하나님이 빚고 계신 이야기, 그것이 바로 우리 삶이다. 하나님의 관점에서 인간의 생애는 극적이며 흥미진진하다. 우리는 하나님이 거하시는 집으로 지어졌으며 이 세상이 전혀 알지 못하는 양식을 먹으며 살도록 창조되었다.

우리 각자가 이 세상에 온 것은 한 가지 목적을 위해서다. 바로 하나님을 영화롭게 하며 영원토록 그분을 즐거워하는 것이다. 우리는 독특하게 창조되었으며 각자가 다르고 구별된 존재다. 하지만 우리가 창조된 이유는 동일하다. 바로 하늘의 주님 앞에 서는 날, 그분의 선하심과 은혜, 그리고 따뜻한 긍휼을 영원히 기념하는 존재가 되기 위해서다.

우리 중에는 자신을 만든 사람이 없다. 우리가 존재하는 것은 어떤 일을 행했기 때문이 아니다. 하나님은 우리에 대한 사랑으로, 우리와 함께하기 원하시는 열망 가운데 우리를 창조하셨으며, 우리 각자가 그 사랑을 전하는 증인으로 서는 것을 계획하셨다. 우리는 사랑받았기 때문에 창조되었고, 그 사랑을 경험하기 위해 창조되었으며, 그 사랑의 상징이 되기 위해 창조되었다.

우리는 누구인가?

우리는 과연 어떤 존재이기에 하나님이 그토록 사랑하시는가? 우리는 장엄한 피조물이요, 위엄 있고도 놀랍게 지어진 자들이며, 우리가 거하고 있는 이 육신보다 더 오래 지속될 영원한 재료로 구성된 위대한 영혼의 소유자들이다.

우리가 누구이며 무엇으로 만들어졌는가 하는 문제는 언제나 수수께끼로 남아 있었다. 성경은 우리가 영과 혼, 그리고 육을 가진 존재라고 말하고 있다. 바울은 데살로니가 교인들에게 말한다. "평강의 하나님이 친히 너희를 온전히 거룩하게 하시고 또 너희의 온 영과 혼과 몸이 우리 주 예수 그리스도께서 강림하실 때에 흠 없게 보전되기를 원하노라"(살전 5:23).

자신을 돌보는 것은 우리를 구성하는 이 세 가지 요소를 가꾸고 유지하는 과정을 포함한다. 우리는 영적 존재이며, 혼을 갖고 있고, 육체에 거하고 있다. 하나님이 그 세 가지를 창조하셨으며 우리에게 영과 혼, 그리고 육을 돌볼 의무를 주셨다.

영을 돌보기

오랫동안 나는 예수님의 부활에 담긴 중요성을 이해하지 못했다. 십자가가 우리 죄를 용서하려는 하나님의 방법인 것은 알고 있었지만 부활에 담긴 의미는 이해할 수 없었다. 그러다 몇 년이 지나 부활이 그저 놀라운 예수님의 기적 이상으로 죽은 우리 영에 새 생명을 부여하시는 하나님의 수단이라는 것을 알게 되었다. 예수님이 죽음에서 부활하셨을 때, 죽음은 정복되었고 예수님을 영접하는 사람은 누구나 영원한 그의 생명을 얻게 되었다. 그리스도의 생명, 그 자체를 받았기에 우리는 이제 그분과 함께 살게 되었다. 세례를 받고 그리스도의 죽으심과 부활을 본받아 그분과 연합하게 되었다(롬 6:3-4). 새 생명이 탄생했다. 새로운 자아, 즉 하나님이 뜻하신 참된 자아가 태어난 것이다.

우리가 창조된 것은 이 새 생명을 자신 안에 담기 위해서다. 성경은 그것을 '거듭났다'고 표현한다(요 3:3, 7). 이렇게 새롭게 탄생한 후에는 양육과 보살핌이 필요하다. 자라거나 성숙해지고 싶다면 자신에게 허락된 이 생명에 관심을 가져야 한다. 그리스도 안에 있는 새로운 자아, 진정한 자아는 지속적인 영적 양식이 필요하다. 이러한 이유로 하나님은 우리에게 특정 훈련과 활동을 거치도록 하시는데, 그러한 과정을 통해 그분의 영적 생명과 권능은 우리 안에 넘쳐 흐르게 된다.

예를 들어 기도는 영적 훈련이다. 그것은 하나님의 은혜를 받는 수단이며, 하나님의 생명과 능력을 공급받는 통로다. 성경을 암송하고 묵상하며 성례식에 참석하고 금식하는 일은 거듭난 우리 생명을 튼튼히 하는 영적 훈련이다. 수세기 동안 성인들은 영적 훈련을 통해 하나님의 능력을 공급받는다는 사실을 증명해왔다. 우리 안에 거하시는 그리스도의 생명을 양육하는 수단인 영적 활동에 규칙적으로 참여하는 것 또한 새로운 자아를 돌보는 일에 포함된다.

혼을 돌보기

본질상 혼은 정의를 내릴 수가 없다. 혼의 양을 재거나 정확하게 설명할 방법도 없다. 혼은 느끼고 즐기며 열망하고 울며 바라고 뜻하는 우리의 일부다. 혼은 감정과 열정, 그리고 느낌으로 구성되어 있다. 우리 존재를 구성하는 이러한 영역을 세심하게 돌볼 필요가 있음에도 불구하고, 우리 대부분은 너무나 쉽게 이것을 무시해버린다. 현대 심리학자이자 신학자인 토마스 무어$^{Thomas\ Moore}$는 이렇게 말한다.

우리의 모든 문제와 관련되어 있으며 개인적, 사회적으로 커다란 영향을 끼치고 있는 이십 세기 최대의 병폐는 '혼의 상실'이다. 혼은 무시한다고 해서 사라지는 것이 아니다. 그것은 강박 관념과 중독, 폭력과 의미 상실이라는 증상으로 모습을 드러낸다.

우리가 혼을 돌보지 않을 때, 혼은 우리에게 자신의 존재를 알릴 방법을 찾을 것이다. 우리가 겪는 고통 가운데 상당 부분은 자신의 감정을 무시하며, 느낌에 주의를 기울이지 않고, 하나님이 주신 열정을 거부한 결과로 일어난다.

우리가 가장 먼저 할 수 있는 일은 우리 존재를 구성하는 이 영역에 민감해지는 것이다. 무어는 계속해서 말한다. "혼에 관심을 갖기 위해서는 자신을 반성하고 돌아볼 수 있는 특정한 공간이 필요하다." 삶 속에서 공간을 만든다는 것은 휴식을 취하고 즐기기 위한 시간, 피조물에 담긴 경이로움을 바라보는 시간, 조용히 사색할 수 있는 시간을 찾는다는 것을 의미한다.

혼을 돌보는 것은 자기 마음과 맞서는 것이 아니라, 자기 마음에 진정으로 다가가는 것을 포함한다. 자신의 느낌이 어떤지 주의를 기울이라. 나는 감정의 변화가 오려고 하면, 적지 않은 시간 동안 그 감정을 살펴보고 판단을 내린다. 두려움과 걱정, 우울함 등이 몰려오려 할 때 스스로에게 이렇게 말한다. "이런 감정을 느껴서는 안돼." 하지만 실제로 그러한 감정을 느낀다. 그러한 감정이 지금 내가 처해 있는 상황에 담긴 진실 모두를 반영하는 것은 아니지만, 적어도 나 자신에게는 진실한 것이므로 그것을 억압해선 안 된다.

혼을 돌보는 것은 자신의 모습 그대로 머물며, 자신의 감정 그대로를 받아들이는 것과 깊은 관련이 있다. 삶이 가져다주는 기쁨을 경험하거나 누리지 못하고 그 세계를 조작하고 통제하려 할 때마다 우리의 혼은 반란을 일으킨다. 혼은 자유를 누리며, 경이로움을 느끼고, 상상하며, 이 세계를 맛보길 갈망한다. 심지어 나는 슬픔을 음미하는 법도 배우고 있다. 그것은 혼을 돌보는 또 하나의 방법이다.

혼은 믿을 만한 것이다. 건강한 기쁨을 누리고 주변 세계를 즐길 수 있다면 혼을 돌보고 있는 것이다. 예를 들어 나는 야구를 좋아한다. 야구 경기를 보는 것에 특별히 무슨 영적인 의미가 있지는 않지만, 경기 관람을 매우 즐긴다. 경기 다음날 선수들의 기록을 정리해 보는 것을 좋아할 정도다. 야구를 좋아하지 않는 사람들에겐 시간 낭비로 보이겠지만, 나에게 그것은 삶을 즐기는 방법이요, 혼을 돌보는 방법이다.

사람들은 음악이나 시, 소설, 조류 관찰이나 별 관찰, 자수 등에서 기쁨을 느낀다. 하나님은 기쁨을 느낄 수 있다면 무엇이든 즐기라고 우리를 격려하신다. 우리에게 감정을 주신 그분은 우리 존재에 담긴 경이로움을 깨달으며, 자기의 있는 모습 그대로를 누리고, 자신이 받은 모든 것에 감사하도록 하셨다.

육을 돌보기

우리 영과 혼은 육신을 집으로 삼고 있다. 우리는 이 세상에서 육신을 떠나 살 수 없다. 하나님은 우리에게 구체적인 형태를 부여해주셨다. 그렇기에 우리는 받은 육신을 사랑하고 가꾸며 감사히 여겨야 한다. 자기 몸이 마음에 들지 않거나 지금과는 다르게 보이고 싶을 수도 있지만, 그럼에도 불구하고 우리 몸은 기적적인 피조물임에 틀림없다.

우리 육체는 뼈, 피, 근육, 세포, 기관 등으로 이루어졌으며, 이 모든 조직이 한데 어우러진 모습에 과학자나 시인들은 경탄한다. 인간의 눈이 어떻게 작용하는지만 보더라도 그 경이로움에 아찔함을 느낀다. 눈은 순간적으로 대상에 초점을 맞추고, 그 이미지를 빠르게 뇌에 전달해 오랜 친구의 얼굴을 순식간에 알 수 있게 한다.

우리에게는 왜 육체가 있는가? 하나님은 왜 우리에게 몸을 만들어주셨는가? 우리 육체는 하나님의 생명을 담는 주요한 용기다. 바울은 말한다. "너희 몸은 너희가 하나님께로부터 받은 바 너희 가운데 계신 성령의 전인 줄을 알지 못하느냐 너희는 너희 자신의 것이 아니라"(고전 6:19). 영적 생명과 육적 생명은 서로 대립된 것이 아니다. 오히려 이 둘은 분리될 수 없다.

육체는 영적 생명을 위한 훈련을 통해 영적 영역과 상호 작용하도록 고안되었다. 우리가 육체 안에서 하는 모든 일, 육체로 하는 모든 일은 영과 혼에 영향을 준다. 이것은 꼭 알아야 할 중요한 부분임에도 불구하고 우리는 쉽게 지나쳐버리기 일쑤다. C. S. 루이스의 「스크루테이프의 편지」에서 노회한 고참 악마는 풋내기 악마에게 그리스도인들을 설득시켜 육체는 중요한 게 아님을 믿게 해야 한다고 충고한다.

> 설사 그렇게까지는 못한다 해도 육체의 자세와 기도는 전혀 상관이 없다고 사기치는 데는 문제가 없을 거다. 잊지 마라. 인간들은 자신이 동물이며, 따라서 육체가 하는 일이 반드시 영혼에 영향을 준다는 점을 노상 잊고 산다.

우리 영혼은 육체가 하는 일에 영향을 받기 때문에, 몸을 돌보는 것은 중요하다.

육체를 소중히 다루며 돌보라. 몸에 좋은 음식을 먹고, 운동을 하며, 충분한 휴식을 취하라. 몸을 존중하고 점검해야지 무시해선 안 된다. 적절한 보살핌을 받는 육체는 우리에게 에너지와 활력으로 보답하며, 생명의 위대함을 경험하게 해주고, 우리를 통해 다른 이들을 향해 하나님의 능력이 뻗어나가게 해줄 것이다.

몇 년 전 나는 내 삶에서 운동이나 놀이 따위가 거의 없다는 것을 깨달았지만, 여기에 영적으로 위험한 요소가 있다고 생각하지 않았다. 그러던 어느날 나는 이렇게 기도했다. "주님, 인도해주십시오. 뭔가 잃어버리고 있는 것 같습니다. 제게 무엇이 필요한지 말씀해주십시오."

오랜 침묵 끝에 나는 단어 하나를 들을 수 있었다. '즐겨라.' 십오 분 남짓한 시간 동안 나는 하나님과 그 부분에 대해 이야기를 나누면서 그저 밖으로 나가 재미있게 놀 필요가 있다는 것을 깨달았다.

나는 가장 먼저 정원을 만들었다. 그 일로 얻은 것이라고는 토마토 몇 바구니밖에 없었지만, 내 영혼은 커다란 유익을 얻었다. 성 파코미우스^{St. Pachomius}는 다음과 같이 기록했다. "수도원에서 하나님과 가장 가까운 장소는 예배당이 아니라 정원이다. 수도사들은 그곳에서 가장 행복해 한다."

하나님은 우리가 행복을 누리고, 재미있게 놀며, 당신의 창조물을 기뻐하길 원하신다. 하나님은 우리에게 이 놀라운 육체에 대한 책임을 주셨으며, 육체를 돌봄으로써 우리는 그분이 사랑하시는 창조물의 일부를 돌본다.

영성 형성

몸은 영적인 영역과 함께 상호 작용하도록 고안되었다. 우리가 영적 훈련(이 모든 훈련 과정은 우리 몸도 포함한다)에 참여하는 동안, 우리의 혼과 영은 양육되고 발달한다. 그 과정을 가리켜 '영성 형성

spiritual formation'이라 한다. 때때로 영성 형성이라는 말을 들으면 우리는 대개 이렇게 생각한다. "나에겐 너무 어려워. 실제적이지도 않잖아. 내 삶에 그런 일이 일어나겠어?"

영성 형성은 인식하든 못하든 계속 일어나는 활동이다. 흘러가는 매 순간이 우리의 영혼을 형성한다. 16세기 개혁가 요한 아른트Johann Arndt는 영혼이 밀랍과 같다고 했다. 그 위에 새기는 자국은 무엇이나 그 모양이 그대로 남는 것이다. 요한 아른트는 계속해서 말한다. "우리의 영혼은 우리가 변화를 준 그대로의 이미지를 보여줄 것이다." 우리 영혼은 날마다 형성된다. 문제는 과연 그것이 하나님의 형상대로 형성되느냐다.

아른트의 표현을 빌려, 자신에게 '변화를 줄' 때 우리는 매일의 삶 속에서 하나님을 반영하기 시작할 것이다. 이것은 그리스도인 영성 형성의 목적일 뿐 아니라 스스로를 가장 잘 돌볼 수 있는 방법이다. 이 변화는 여러 활동에 참여하여 하나님이 우리 삶에 더 깊이 관여하시도록 허락하는 것을 의미한다.

우리가 하나님께로 더 가까이 가도록 이끌어주는 영적 활동은 많지만, 내게 가장 큰 영향을 끼쳤던 여섯 가지 활동은 안식을 실천하기, 고독, 침묵, 기도, 학습, 그리고 하나님의 임재 연습 등이다. 그중 어떤 활동은 뒤로 물러나거나 절제하는 행동이며, 또 어떤 활동은 활발한 참여와 주의 깊은 집중을 요한다. 그 모든 것은 우리를 하늘나라로 이끌어 하나님의 영광을 나타낼 수 있도록 그분이 정하신 은혜로운 수단이다.

절제의 훈련

우리가 자신을 돌보는 방법에는 특정 행동을 취하는 것뿐 아니라 특정 행동을 절제하는 것도 포함된다. 예를 들면 일하는 것, 사람들과 만나는 것, 또는 말하는 것을 절제하는 것이다. 안식을 실천하고, 홀로 지내며, 침묵하는 것은 자기 자신을 돌보는 데 꼭 필요한 세 가지 방법이다. 일이나 사람들, 대화에서 물러남으로써 우리는 우리를 온전하게 만드시는 하나님의 손길에 자신을 내맡길 수 있다.

앞서 언급했듯 안식을 실천하는 것은 축복이다. 자신의 몸과 혼과 영이 감당할 수 있는 한계 이상을 요구하는 데 익숙해진 우리에게는 이 모든 일로부터 물러나는 시간이 필요하다. 한 주에 하루, 또는 오후 시간만이라도, 정말 아무 일도 하지 않는 시간을 계획해보라. 어떤 일이든 절제하는 것은 결코 쉬운 일은 아니지만, 그러한 훈련은 우리에게 믿음 안에서 사는 방법을 가르쳐준다.

마르바 던^{Marva Dawn}은 기록한다. "안식의 큰 유익은 하나님이 우리를 돌보시게 하는 법을, 수동적이 되거나 게을러짐으로써가 아니라 자신의 삶에서 스스로 하나님이 되려는 미약한 시도를 포기하는 자유 가운데서 배울 수 있다는 것이다."

내 영혼에 커다란 유익을 준 또 하나의 영적 훈련은 고독이다. 내면의 중심과 더 조화를 이루기 위해 다른 사람들에게서 물러나는 것이다. 홀로 있을 때 우리는 주변 세상에 더욱 민감해진다. 고독은 우리가 '변화하는 세상 속에서 움직이지 않는 정점'에 도달할 수 있는 공간을 마련해준다. 내 영혼은 이러한 공간을 갈망한다. 비록 짧은 순간이라도 말이다. 때때로 나는 하던 일을 멈추고 혼자 있기 위해 조용한 장소로 간다. 그리고 상쾌해진 기분으로 나를 둘러싼 환경과 더욱 조화된 상태로 돌아온다.

어떤 때에는 혼을 고요하게 하고 영에 집중하기 위해 침묵 훈련을 한다. 우리는 텔레비전과 라디오, 신문들을 통해 언어가 소용돌이치는 문화에 살고 있다. 이 시대에 말의 가치는 떨어지고 있다. 침묵은 말의 가치와 능력을 회복시켜 줄 것이다. 침묵의 기간을 통해 우리는 언어를 사용하지 않고 말하는 것, 즉 미소와 몸짓 그리고 얼굴 표정을 통해 전달하는 것에 집중하게 된다.

참여의 훈련

우리는 또한 특정 행동을 함으로써 자신을 돌볼 수 있다. 어디에 집중하고 마음을 두느냐 하는 것은 우리 영혼에 큰 영향을 미친다. 기도와 학습, 그리고 하나님의 임재를 연습하는 것은 스스로를 돌보고자 하는 노력의 일환으로 하나님과 동역하는 데 효과적인 세 가지 방법이다. 하나님과 함께 대화를 나누고, 진리에 마음을 고정시키며, 하나님의 임재를 의식적으로 인식함으로써, 우리는 하나님이 우리 삶에 들어오시도록 초청하게 된다.

우리가 참여하는 일 가운데 기도만큼 큰 변화를 주는 일도 없을 것이다. 리처드 포스터에 따르면 기도는 '진정한 영혼의 거처'를 찾는 일이다. 하나님이 기도라는 선물을 주신 이유는 우리가 하나님 그분과 교제하길 원하셨기 때문이다. 기도를 통해 우리는 모든 필요와 염려, 온갖 질문과 의심들을 하나님, 그 모든 문제들을 이해하고 기쁘게 받아주시는 하나님께 가져간다. 숱한 시간 동안 절망 가운데 하나님을 찾고 격려나 지혜를 달라고 간구했을 때, 하나님은 거절한 적이 없으셨다. 그 응답은 내가 바라던 방법대로, 바라던 시간에 이루어진 것은 아니었지만, 응답은 언제나 이루어졌다.

학습 또한 변화를 주는 경험이다. 어디에 정신을 집중하느냐에 따라 우리 습관과 행동에 직접적인 영향을 미치기 때문이다. 이러한 이유로 바울은 무엇에든지 참되며, 무엇에든지 경건하며, 무엇에든지 옳으며, 무엇에든지 정결한 것을 생각하라고 말했다(빌 4:8). 리처드 포스터는 학습을 "진상을 자세히 살핌으로써 사고가 일정 방향으로 나아갈 수 있게 하는 특별한 경험"이라고 정의한다.

성경을 공부하는 방법 가운데 성경 구절을 암기하는 방법이 있다. 그런 후 그 구절의 의미를 되새기고 그 말씀이 내 삶에 다양하게 적용되는 것을 보며 경이로움을 느낀다. 며칠 후 그 말씀은 내 일부가 되고 영혼에 스며들며, 나를 자유케 한다(요 8:32).

마지막으로 영과 혼과 육을 돌볼 수 있게 해주는 활동을 가리켜 나는 종종 '하나님의 임재 연습'이라고 말한다. 그것은 하나님의 임재를 의식적으로 인식하는 것이다. 우리는 종종 하나님을 우리 마음에서 멀어지게 만드는 다른 많은 일들에 마음을 쏟는다. 그러나 하나님이 함께하신다는 사실을 매순간 기억할 때, 우리는 하나님께 마음 문을 열게 되고 하나님은 우리 삶의 일부가 되신다.

프랭크 로박[Frank Laubach], 로렌스 형제[Brother Lawrence], 토마스 켈리[Thomas

Kelly, 장 피에르 드 코사드Jean-Pierre de Caussade, 이 네 사람은 이러한 연습에 대해 폭넓게 기술했다. 그들은 그 영광스러운 시간, 우리 인식이 확장되어 하나님을 의식할 때 누리게 되는 영광스러운 시간에 대해 증언한다. 이러한 참여의 훈련을 통해 우리는 삶에서 하나님을 위한 공간을 조금씩 만들어가게 될 것이다.

자신을 돌보며 하루를 보내는 방법

기도와 조용한 묵상을 하려고 떼어놓은 특별한 날이 아닌 일상적인 날, 우리는 어떻게 자신을 돌볼 수 있는가? 일상 속에서 어떻게 자기 영혼을 돌볼 수 있는가? 자신의 영과 혼과 몸을 돌보며 보내는 하루의 모습은 아마 이러하지 않겠는가?

아침에 눈을 떠 가장 먼저 생각을 정리하는 것이다. 침대에서 나오기 전에 두 가지 일을 한다. 첫 번째, 나 자신에게 이야기한다. "하나님의 은혜로 나는 사랑받고, 용서받고, 보살핌을 받고 있어."

진정한 자기 정체성 속에 젖어들어 그날 하루를 하나님의 관점으로 보는 것 또한 자신의 영혼을 돌보는 과정 중 하나다. 그럼으로써 자신의 근본을 바로 세울 수 있다.

두 번째, 삶 전체를 하나님께 맡기려고 노력한다. "주님, 오늘 하루를 다스리시고, 제 모든 생각과 말과 행동까지 주관해주십시오." 이렇게 할 때 하나님은 나를 다듬어가실 수 있으며, 나는 스스로 내 삶을 주관할 수 없다는 사실을 다시금 기억하게 된다. 나를 지배하던 오랜 자아도 더 이상 나를 어찌할 수 없다. 하루를 하나님께 드리는 이 시간을 통해 하나님은 내 영혼을 먹이고 돌보는 자리에 서신다.

세 번째, 침대에서 나와 영양가 있으면서도 맛있는 음식을 먹는다. 영양분이 너무 많거나 기름진 음식만 계속 먹으면 우리 몸은 제대로 기능하지 않을 것이다. 반대로 맛 없고 지겨운 음식만 먹으면 영혼이 괴로워할 것이다. 자신의 몸을 위해 보내는 하루 속에는 운동하거나 노는 시간도 포함된다. 어떤 날에는 시간을 내어 뜨거운 욕조에 몸을 담근다.

네 번째, 다른 사람과의 교제를 즐길 뿐 아니라 조용히 혼자 있는 시간도 갖는다. 세상에 넘쳐나는 소음은 고요한 영혼에 악영향을 끼친다. 그러나 우리는 또한 사회적 동물이기 때문에 사람들과 함께 있는 시간도 필요하다. 혼자서 보내는 15분과 친구들과 즐거운 담소를 나누는 저녁 시간으로 우리 영혼은 튼튼해질 것이다.

다섯 번째, 자신을 돌보는 유익한 하루 속에는 기도 시간도 포함된다. 15분 정도 주변 사람들의 필요를 생각하고 기도 가운데 가지고 나아간다. 또한 하루를 보내면서 두세 시간마다 하나님의 임재를 인식하려고 노력한다.

여섯 번째, 생각을 훈련시키기 위해 자신에게 자극을 주고 더 숭고한 생각을 할 수 있게 돕는 책을 읽거나 공부한다. 복음서 전체를 한 번에 훑거나 성경 구절을 외우고 건전한 TV 프로그램을 보면서 저녁 시간을 보낸다.

마지막으로, 잠자리에 일찍 들려고 노력한다. 충분히 잠을 자는 것도 자신을 돌보는 중요한 방법이다. 하나님은 피곤할 때까지 무슨 일을 하도록 우리를 만들지 않으셨다. 피곤에 지쳐 있다면 삶을 즐길 수 없는 조건을 형성하고 있는 셈이다. 잠자리에 들 때는 주기도문이나 시편 23편을 지침으로 삼고 기도한다. 하나님께 지난 하루에 대해 감사드리고, 내일을 기대하는 기도를 드린다. 보람된 하루를 마치며 기도로 잠을 청한다.

당신의 날에 생명력을 더하라

사람들은 항상 어떻게 자신의 생명에 날을 더할 수 있는지에 대해 이야기한다. 하지만 자신의 날에 생명력을 더하는 것에 대해 이야기하는 사람은 거의 없다. 많은 사람들이 고백하듯, 무언가에 의해 떠밀리며 살아가기에는 인생은 너무 짧다. 그런 삶은 생명력이 없다. '… 하기에 인생은 너무 짧다' 목록을 아래에 적어본다.

내가 좋아하지 않는 일을 하며 지내기에는, 항상 집을 깨끗이 치우고 살기에는, 일주일에 며칠 씩 집을 떠나서 살기에는 인생은 너무 짧다. 스팸 메일을 다 읽고 지내기에는, 공장에서 제조된 빵만 먹으며 아침을 시작하기에는, 낮잠이 필요한데도 억지로 참으며 살기에는 인생은 너무 짧다.

아내와 아이들, 친구들을 안아주지 않고 하루를 보내기에는, 날마다 넥타이와 정장 차림으로 일관하기에는, 입은 옷이 유행에 맞는지 신경 쓰며 살기에는 인생은 너무 짧다. 단풍이 진 가을이나 눈 오는 겨울, 또는 꽃망울이 피어나는 봄날에 실내에만 있기에는 인생은 너무 짧다. 창문 없는 방에 갇혀 하루 종일 일하기에는, 친구와 가족에게 사랑한다는 말을 하지 않고 지내기에는, 내가 아끼는 사람들과 멀리 떨어져 살기에는 인생은 너무 짧다.

날마다 한 가지 음식만 먹으며 살기에는, 최신 전자제품의 조작법을 외면하고 살기에는, 일주일에 적어도 한 번 새로운 무언가를 시도하지 않기에는 인생은 너무 짧다.

우리는 인생에서 하고 싶은 일을 결코 다 하지 못한다. 그러므로 시간을 잘 보내는 것은 매우 중요하다. 때로는 중병을 얻고 나서야 자신을 돌보지 않기에는 인생이 너무 짧다는 사실을 깨닫기도 한다. 작가인 마크 이안 바라쉬Marc Ian Barasch는 암 선고를 받고 인생관이 완전히 바뀌었다. 그는 이렇게 말했다.

암 수술을 받은 후 7년 동안, 나는 예전에는 알지 못했던 인생을 살았다. 아침에는 전화기를 꺼놓고, 아침 식사는 절대 거르지 않았으며, 때때로 마감 일자를 넘기기도 하고, 심지어 일 때문에 내가 또는 사랑하는 사람들이 너무 많은 것을 빼앗기기 시작할 때는 돈 문제를 제쳐두고 일을 그만두었다. 아직도 성취하고 싶은 일은 많지만, 내 오랜 야망은 허울만 좋은 목표 없는 질주처럼 보인다. 무엇과도 대신할 수 없는 가치로 삼아왔던 경력도 이제는 숨기고 싶은 전과처럼 느껴진다. "당신이 어디로 가든지, 당신은 거기에 있다." 나는 과연 어디로 간다고 생각했던 걸까?

하나님이 주신 귀중한 선물인 생명을 무시하기는 너무나 쉽다. 영과 혼, 그리고 육체는 하나님이 만드신 가장 아름다운 창조물이다. 우리는 스스로를 돌봄으로써 그분을 영화롭게 할 수 있다.

관계를 통해 자신을 돌보라

목사이자 시인인 존 던$^{John\ Donne}$은 "그 누구도 섬이 아니다"라고 기록한다. 우리 모두는 서로와 연결되어 있으며, 우리 삶은 서로와 함께, 그리고 서로를 위해 공동체를 이루며 살아간다는 의미다. 그러므로 하나님이 돌보시듯 자신을 돌보고자 한다면, 우리 영과 혼과 육뿐만 아니라 우리를 둘러싼 모든 사람의 영과 혼과 육까지도 돌보아야 한다. 토마스 무어는 이렇게 말했다. "사람들과 누리는 친밀감과 교제 없이 하나님의 사랑에 이를 수는 없다. 한 사람은 다른 사람을 채워주어야 한다."

우리를 향한 놀라운 하나님의 사랑은 우리를 돌보시는 인자한 손길로 형상화할 수 있다. 하나님이 우리와 상호 작용하시도록 공간을 만들어드리는 생활 방식을 터득할 때 우리는 그분의 보살핌을 받게 된다. 이러한 하나님의 사랑은 반드시 우리로부터 주변 사람들의 삶을 향해 흘러가기 시작할 것이다. 하나님의 사랑은 우리가 받는 사랑 속에, 또 다른 이들에게 주는 사랑 속에 형상화될 것이다. 자신과 다른 사람에게 더 큰 사랑을 줄 수 있을 때 비로소 우리는 더 큰 사랑을 받을 수 있게 된다.

함께 생각해볼 문제

1. "안식을 제정하신 하나님이 일주일 가운데 하루는 자기 몸을 쉬게 하고 자기 영혼을 위해 시간을 내야 한다고 주장하시는 것을 보면 그분이 우리를 참으로 돌보고 계심을 알 수 있다."
— 안식을 어떻게 실천하고 있습니까? 참된 안식을 누리기 위해 저자와 그의 가족이 몇 가지 규칙을 마련했듯이 안식을 어떻게 실천할지 계획을 짜보십시오.

2. 저자는 자신의 혼과 육, 그리고 영을 돌보아야 한다고 주장합니다. 당신은 혼과 육, 영을 돌보기 위해 어떠한 일을 하고 있습니까? 가장 돌보지 못했던 영역은 무엇입니까?

3. 저자는 자신을 돌보기 위해 절제와 참여의 훈련 여섯 가지를 제안했습니다. 그 여섯 가지 훈련은 무엇입니까? 삶에 적용하기 위해 각각의 실천 방안을 적어보십시오.

9장_ 하나님이 우리를 이같이 사랑하셨은즉

> 정신과 의사를 만나는 사람 가운데
> 열에 아홉은 의사가 필요하지 않다고 확신한다.
> 그들은 하나님의 사랑으로 사랑해줄 누군가가 필요한 것이다.
> 그런 사람을 만날 때, 그들은 분명 치료될 것이다.
> ― 폴 투르니에

어느날 저녁 약 스무 명의 남녀가 참여하는 성찬식에 초대를 받았다. 그들과 알고 지낸 지 얼마 되지 않은 탓에 조금은 어색했다. 모임은 아무 형식 없이 자유로운 분위기 속에서 진행됐다. 우리는 전등 대신 촛불을 켜놓은 커다란 테이블 주위에 둘러앉았다. 정해진 인도자 없이 한 동안 가벼운 이야기가 오간 뒤에 침묵 기도로 시작됐다. 다소 낯선 형식의 모임 방식에 나는 애써 불편함을 감추며 자리에 앉아 있었다.

찬양을 부르고 나서 한 여성이 성경 말씀을 봉독하고 메시지를 전했다. 그리고 나눔의 시간이 이어졌다. 모두들 자신의 상처나 필요에 대해 이야기했고, 마음속 깊은 사연들을 나눈 덕분인지 따듯한 분위기가 고조되었다. 마지막으로 진행된 성찬식에 이르러 나는 그때껏 경험해보지 못한 가장 아름다운 순간을 지나고 있었다.

빵을 건네받으면서, 나는 정말 그리스도의 임재를 느꼈다. 방에 있는 모두가 같은 크기의 빵을 들고 있었다. 그리스도의 몸이 그들의 손에 있는 것이었다.

한 여성이 기도를 시작했다. "사랑하는 형제 자매…" 그 다음부터는 기도 소리가 들리지 않았다. 경건하게 고개를 숙인 사람들을 보며 문득 이런 생각이 들었다. "이들은 나의 가족이다. 저 사람은 나의 자매이고, 저 사람은 나의 형제다."

모임이 진행되는 내내 그 방안에 있던 모든 사람들이 가족처럼 느껴졌다. 엠마오로 향하던 두 사람이 경험했던 식사 장면 같았다. 빵을 나누면서 우리 모두는 우리 가운데 임재하신 그리스도를 목격했던 것이다. 우리는 하나님의 사랑으로 하나가 되었다. 그 사랑은 우리를 한데 묶는 끈이었다. 그날밤 차를 타고 돌아오면서 나는 진짜 천국을 보았다는 생각을 했다.

사람의 독처하는 것이 좋지 못하니

하나님은 우리가 서로 의지하도록 만드셨다. 우리를 창조하시는 순간부터 우리가 공동체로 살아야 한다는 걸 아셨다. 그래서 아담을 보며 이렇게 말씀하셨다. "사람이 혼자 사는 것이 좋지 아니하니 내가 그를 위하여 돕는 배필을 지으리라"(창 2:18).

인간의 중심에는 다른 이들을 사랑하고, 또 사랑받고자 하는 욕구가 있다. 하나님의 창조에서 가장 경이로운 사실은 사람을 그 자체로는 불완전하도록 만드셨다는 점이다. 즉 사람은 오직 공동체를 이루어 살아갈 때만 완전해지며, 우리 안의 갈망이 채워질 수 있다.

이 땅에 존재하는 한 우리는 사랑받고 사랑하고자 하는 욕구를 피할 수 없다. 하나님이 우리에게 공동체를 이루어 살도록 이러한 욕구를 허락하셨기 때문이다. 하나님은 우리의 모든 필요를 직접 채워주심으로 우리가 서로를 필요치 않게 만드실 수도 있었다. 하지만 그렇게 하지 않으셨다. 대신 그분은 우리가 서로를 돌봄으로 서로의 필요를 채우며 서로를 나누라고 격려하신다.

서로를 돌보는 거대한 네트워크

서로를 돌보아주는 거대한 네트워크 속에서 우리는 각자 하나님으로부터 소중한 선물을 받았을 뿐만 아니라, 이 선물을 필요한 사람들에게 나눠주라는 부르심을 받았다.

나는 조셉 발리$^{Joseph\ Baly}$의 이야기에 깊은 감명을 받았다. 그는 고통과 죽음에 대한 몇 권의 책을 쓴 사람이다. 발리는 슬픔이 무엇인지 뼈저리게 경험했다. 그는 세 아들을 떠나보냈다. 태어난 지 18일밖에 안 된 아기, 백혈병을 앓고 있던 다섯 살 난 아들, 썰매를 타다 사고를 당해 혈우병 합병증으로 눈을 감은 열여덟 살된 아들 이렇게 셋을 가슴에 묻었다.

큰 아들은 죽기 전 한 여성과 약혼한 상태였는데, 그녀는 남자 친구가 죽은 후 발리 부부를 걱정했다. 그래서 한 편의 시를 적은 액자를 발리 부부에게 선물했다. 그 시는 독일 목사 디트리히 본회퍼가 감옥에서 처형되기 사흘 전에 약혼녀에게 쓴 것으로 본회퍼의 약혼녀가 그 시를 출판했다. 그 시에서 본회퍼는 이렇게 말한다.

슬픔의 잔을 비우는 것이 우리 몫이라면,
당신의 명령을 따라 바닥까지 남김 없이 마셔야 한다면
머뭇거리지 않고 감사하는 마음으로
당신의 사랑의 손이 주는 잔을 받겠습니다.

후에 조셉 발리는 「천국Heaven」이라는 책을 펴냈는데, 이 책에 자신에게 위로를 주었던 그 시를 실었다.

어느날 발리 부부는 편지 한 통을 받았다. 매사추세츠에 있는 한 목사가 보낸 것으로, 그는 중병을 앓고 있던 어느 노부인을 만난 얘기를 전해주었다. 어느날인가 그 목사는 천국에 대해 쓴 발리의 책을 노부인에게 건네주었다고 한다. 그녀는 밤을 새워 그 책을 읽었고 매우 큰 위로를 받았다고 했다. 그리고 며칠 후 숨을 거두었다.

노부인은 세계 대전 직후에 독일에서 미국으로 이민을 왔다. 그녀의 이름은 마리아 폰 비더마이어Maria Von Wiedermeier, 본회퍼의 약혼녀였다. 한 작가가 말했듯, "그 책은 본회퍼에서 마리아로, 마리아에서 슬픔에 잠긴 다른 약혼녀로, 그 약혼녀에서 그녀가 사랑했던 사람의 부모로, 그 부모의 책을 통해 다른 고통받는 사람들에게로, 그리고 한 친구를 통해 보스턴의 병원 침대에 누워 있던 본회퍼의 마리아에게로 전해졌다."

우리가 갖고 있는 영향력

우리가 천국에 가면, 서로를 돌보아주는 거대한 네트워크를 보고 놀라지 않겠는가? 고전 영화 〈멋진 인생It's a Wonder-ful Life〉이 생각난다. 주인공 조지 베일리는 자신의 인생이 실패했다고 생각하고는 자살을 결심한다. 하나님이 그를 위해 천사를 보내셨고, 천사는 만일 조지가 태어나지 않았다면 세상이 어떤 모습이었을지 보여준다. 조지는 자신의 보잘것없는 인생이 사람들에게 영향을 미치고 있음을 깨닫고는 자신의 삶이 정말 멋진 인생이라고 생각하게 된다.

이 영화가 시사하는 바는 의미심장하다. 우리 삶이 사람들에게 미치는 영향력은 우리가 알고 있는 것보다 훨씬 크다는 사실이다. 우리가 숨쉬는 매 순간, 우리가 내리는 모든 결정, 우리가 베푸는 친절 하나하나가 우주에 파동을 일으킨다. 우리가 오늘 하는 일이, 그리고 오늘 하지 않는 일이 누군가에게 영향을 줄 것이다. 이것이 하나님이 만드신 세상이다.

조지 베일리는 운좋게도 자신이 없었다면 세상이 어떠했을지 엿보는 기회를 얻었다. 우리에게는 그런 기회가 없을지 모른다. 우리는 자신이 이 세상에 어떤 영향을 미치는지 알지 못할 것이다. 격려의

한 마디, 어려운 사람에게 베푸는 도움, 고통 가운데 있는 사람을 위한 기도가 어떤 영향을 미치는지 알지 못할 것이다. 그러나 이땅의 장막을 벗어나는 날, 그 모든 것을 알게 된 후 우리 마음은 경외감으로 가득차게 것이다.

하나님 : 돌보는 삶의 동기

하나님은 우리가 서로를 돌보는 사람이 되도록 세상을 창조하셨다. 다시 말해, 하나님은 서로를 통해 우리를 돌보신다. 그러나 주님은 우리를 사용하시기 전에 두 가지 일을 하신다. 먼저 우리에게 돌보고자 하는 열망을 허락하시고, 그 다음에 서로를 어떻게 돌보아야 하는지 모범을 보이신다.

서로를 돌보는 삶에 대한 동기는 하나님이 우리에게 보여주신 돌보심에서 온다. 사도 요한은 이렇게 말했다. "사랑하는 자들아 하나님이 이같이 우리를 사랑하셨은즉 우리도 서로 사랑하는 것이 마땅하도다 … 그의 성령을 우리에게 주시므로 우리가 그 안에 거하고 그가 우리 안에 거하시는 줄을 아느니라"(요일 4:11, 13). 하나님의 사랑은 우리가 서로를 사랑할 수 있는 근거다. 요한은 "우리가 사랑함은 그가 먼저 우리를 사랑하셨음이라"(요일 4:19)고 말한다.

용납과 용서, 돌보심 속에 나타나는 놀라운 하나님의 사랑은 우리 마음에 스며들어 주변 사람들을 향해 나아가기 시작한다. 그러므로 서로 돌보는 일을 소홀히 할 때 우리를 향한 하나님의 돌보심도 이해하지 못할 것이다. 반대로 우리를 향한 하나님의 사랑이 얼마나 광대한지 깨달을 때 그 사랑이 우리의 손과 발, 그리고 입으로부터 다른 사람의 삶으로 흘러가는 것을 경험할 수 있다. 하나님은 우리에게 그분의 영을 주셨으며, 그 사랑의 영은 우리가 다른 사람을 돌볼 수 있도록 이끌어준다.

하나님 : 돌보는 삶의 모범

하나님은 서로를 돌보는 삶에 대한 동기를 제공하셨을 뿐 아니라 친히 그러한 삶의 모범을 보여주셨다. 그리스도인은 자비라는 학교에 등록된 학생이며 하나님은 교사다. 사도 바울은 데살로니가 교인들에게 다음과 같은 사실을 일깨운다. "형제 사랑에 관하여는 너희에게 쓸 것이 없음은 너희들 자신이 하나님의 가르치심을 받아 서로 사랑함이라"(살전 4:9).

하나님은 우리가 서로를 어떻게 돌보아야 하는지 모범을 보여주셨다. 하나님은 어떻게 우리를 돌보시는가? 하나님은 우리의 영적 생명을 돌보시며, 혼의 건강을 돌보시고, 육체적 필요를 채워주신다. 하나님은 어느 때라도 도움의 손길을 펼치시고, 우리에게 귀기울이시며, 결코 우리를 포기하지 않으신다. 우리 역시 이렇게 서로를 돌보아야 한다.

예수님 또한 우리가 서로를 어떻게 돌보아야 하는지 명확한 그림을 보여주셨다. 그분은 사람들을 낙담시키는 법이 없으셨고, 사랑으로 진리를 말씀하셨으며, 자신을 둘러싼 사람들의 필요를 채워주기 위해 시간과 힘을 쏟으셨다. 그분이 가난한 자와 죄인을 대하는 태도는 부자와 의인을 대할 때와 다르지 않았다. 그분은 모든 이들을 사랑하셨으며, 그들의 고통을 보고 함께 우셨다.

사도 바울은 로마 교인들에게 말한다. "그러므로 그리스도께서 우리를 받아 하나님께 영광을 돌리심과 같이 너희도 서로 받으라"(롬 15:7). 우리는 서로를 어떻게 대해야 하는지 모델을 얻는다. 바로 예수님의 삶에서 말이다.

하나님 : 우리를 통해 돌보시는 분

하나님은 이같이 동기와 모범을 제공하실 뿐 아니라 우리가 실제로 서로를 돌보게 하신다. 사실은 우리가 서로를 돌보는 것이 아니라 하나님이 우리를 통해 돌보시는 것이다. 우리는 단순히 커다란 보배를 실어 나르는 배에 불과하며 우리에게는 능력이 없다. 사도 바울은 이렇게 말한다. "우리가 이 보배를 질그릇에 가졌으니 이는 심히 큰 능력은 하나님께 있고 우리에게 있지 아니함을 알게 하려 함이라"(고후 4:7).

어떤 교회의 예배 시간에 한 여자아이가 어머니 곁에 앉아 있었는데 때마침 세례식이 거행되고 있었다. 그 아이는 어머니에게 무슨 일이 일어나고 있는지 물었다. 어머니는 "이제 예수님이 오셔서 저 분의 죄를 씻고 새 생명을 주실 거야"라고 대답했다. 이에 아이가 말했다. "잘됐어요. 이 교회에 온 지 오래되었는데 예수님을 아직 한 번도 못 봤거든요."

예수님은 어디에 계신가? 예수님은 분명히 살아 계신다. 그분은 당신을 신뢰하는 사람들 속에 계시며, 다른 사람들을 위한 축복의 통로로 쓰기 원하시는 사람들 속에서 거하신다. 그리고 그들을 통해 일하신다. 예수님의 부활에 대한 가장 강력한 증거는, 그분을 안다고 증언하는 사람들에게서 나타나는 삶, 즉 긍휼을 베풀고 서로를 돌보는 삶에 있다.

이에 대해 사도 요한은 다음과 같이 말한다. "어느 때나 하나님을 본 사람이 없으되 만일 우리가 서로 사랑하면 하나님이 우리 안에 거하시고 그의 사랑이 우리 안에 온전히 이루어지느니라"(요일 4:12).

치료하시는 하나님, 돌보는 우리

다른 사람을 돌보는 주체는 내가 아닌 하나님이라는 사실을 깨달을 때, 우리는 모든 이들의 아픔을 치료하고, 모든 이들의 문제를 해결하며, 모든 이들을 온전하고 행복하게 만들려고 애써야 한다는 부담에서 벗어날 수 있다.

우리는 치료하는 사람이 아니라 다만 돌보는 사람이다. 치료하고 회복시키며 문제를 해결하는 일은 모두 하나님이 맡으셨다. 물론 하나님은 우리를 그분의 손과 발, 그리고 입으로 삼으셨다. 하지만 그분은 우리에게 치료를 맡기지 않으셨다. 언제라도 사용할 수 있는 도구로 부르신 것뿐이다.

목사이자 심리학자인 케네스 호크$^{Kenneth Haugk}$는 5년 간 상담했던 앤이라는 여성의 이야기를 들려준다. 그녀는 치료 기간 동안 괄목할 정도로 성장했다. 치료 과정을 마치고 호크 박사와 헤어질 때 즈음 그녀의 삶에 위기가 찾아왔다. 그것은 그녀를 충분히 낙담시킬 만한 일이었다. 그러나 슬픔을 경험하면서도 그녀는 이 위기를 훌륭하게 대처해냈다.

호크 박사는 변화된 앤을 보며 기뻐했다. 그녀가 이제 극복하지 못할 어려움은 없을 것 같았다. 박사는 그녀를 만나 이렇게 말했다. "우리가 훌륭하게 해낸 것 같군요." 앤은 웃으면서 대답했다.

"여기까지 이끌어오신 분은 그 누구도 아닌 하나님이라고 생각해요. 너무나 우울하고 낙담되며 나조차 나를 통제할 수 없을 때, 정말 어떻게 해야 할지 몰랐어요. 그럴 때면 박사님 역시 제 문제를 어떻게 해결해야 할지 모르시는 것 같았어요. 박사님과 저 둘 다 아무것도 몰라 힘겨워할 때에도 하나님이 저와 함께하신다고 믿었어요. 이렇게 힘겨운 순간 속에서도 하나님이 나를 향해 치료의 손길을 뻗치고 계시다고 말이에요. 이 모든 공로를 누군가에게 돌려야 한다면, 그분은 바로 하나님이세요."

하나님은 정말 우리를 통해 돌보는 일을 행하시지만, 그렇다고 우리가 수동적으로 가만히 앉아 있어야 하는 것은 아니다. 하나님에게는 우리가 필요하다. 그것은 하나님이 일하기 위해 택하신 방법이다.

서로를 돌보는 데에는 순서가 있다

어떻게 우리는 하나님이 돌보시는 것처럼 다른 사람을 돌볼 수 있는가? 내가 스스로에게 던진 이 질문의 대답은 내 삶 속에 있었다. 나는 다른 이들을 돌보는 사람들의 삶에서뿐 아니라 나를 돌보아주는 사람들의 삶 속에서 은혜롭고 사랑 많으신 하나님의 돌보심을 목격해왔다. 다양한 모습으로 섬기는 그들은 이렇게 말했다. "하나님과 동역하여 서로를 돌보는 멋진 예술 작품을 만들어가고 있다"고.

우리가 스스로를 돌볼 때 그랬던 것처럼 다른 사람을 돌보는 데에도 세 가지 방법이 있다. 신체적 필요, 정서적 필요, 영적 필요를 돌보는 것이다.

사람들을 돌볼 때 이 순서를 고려하는 것이 중요하다. 비록 그 순서가 자신을 돌볼 때와는 반대이지만 말이다. 상대방이 나의 신체적 필요와 정서적 필요에 관심을 가진다고 느낄 때, 우리는 비로소 그가 제공하는 영적인 충고에 귀를 기울이게 된다. 상대방이 나를 얼마나 돌보고 있는지 알기 전까지, 그가 나의 영적 필요뿐 아니라 내 모든 필요를 채우기 위해 헌신할 각오가 되어 있음을 보기 전까지 우리는 그의 사랑과 관심을 잘 실감하지 못한다.

서로의 신체적 필요 돌보기

기독교 작가이자 설교자인 토니 캠폴로(Tony Campolo)는 한 기독여성단

체가 후원한 집회에 참석했을 때의 이야기를 들려주었다. 집회에서 한 선교사의 절박한 사연이 담긴 편지가 낭독됐는데, 그에게 4천 달러가 급히 필요했다.

편지를 통한 선교사의 긴급 요청에 회장은 나를 가리키며 말했다. "오늘 설교자이신 캠폴로 형제님께서 선교사님을 위해 기도해주셨으면 합니다. 하나님께서 그분의 필요를 채우시도록 우리를 대표해 기도해주시겠습니까?"

"아니오." 토니의 이 같은 대답에 모두들 깜짝 놀랐다.

"아닙니다. 저는 하나님께 기도하지 않겠습니다. 대신 저의 지갑에 있는 현금 전부를 내놓겠습니다. 여러분도 그렇게 해주시기를 부탁드립니다. 우리가 모은 돈이 4천 달러가 되지 않는다면 그때 하나님께 채워달라고 기도하겠습니다."

"좋은 말씀입니다. 우리 역시 헌신해야 한다는 훌륭한 정신에 대해 말씀해주셨군요." 회장은 말했다.

"저는 훌륭한 정신에 대해 설교하려는 게 아닙니다. 지금 여러분에게 있는 것을 드리기를 바랄 뿐입니다. 신용 카드도, 수표도 원하지 않습니다." 이렇게 대답한 토니는 지갑을 모두 비웠다. 3백 명의 참석자들이 썩 내키지 않는 마음으로 지갑과 호주머니를 비웠다. 탁자에 놓인 돈의 액수는 4천 달러가 훨씬 넘었다.

"여러분도 깨달으셨겠지만, 우리는 하나님께 필요를 공급해달라고 기도할 필요가 없었습니다. 이미 여기 있었으니까요. 우리는 그것을 내놓기 위해 기도해야 했습니다."

이 이야기를 처음 들었을 때, 나는 하나님이 얼마나 많은 것을 이미 주셨는지 깨닫고 크게 놀랐다. 하나님은 우리에게 서로의 필요를 채우는 데 필요한 것을 이미 주셨다. 우리가 해야 할 일은 바로 내놓는 것뿐이다.

물질로 육체적 필요를 채워주는 것과 더불어 도움을 베풀고자 하는 의지를 보여줌으로써 우리는 다른 사람을 돌볼 수 있다. 어느날 아침 차가 고장났는데 정비소에 갈 방법이 전혀 없었다. 그때 데이브라는 친구가 나를 돕기 위해 회의를 일찍 마치고, 차를 정비소에 견인한 후에 수리가 잘 되었는지 확인까지 해주었다. 그는 어려운 순간에 나를 돕기 위해 희생을 치를 각오가 되어 있었던 것이다.

아픈 사람이 있을 때 우리는 그 사람을 문안하거나 진찰을 받도록 도울 수 있다. 배고픈 사람이 있다면 음식을 제공할 방법을 모색할 수 있다. 두려워하는 사람에게는 안전한 장소를 제공해줄 수 있다. 이외에도 우리는 온갖 방법으로 하나님이 우리에게 이미 주신 자원(재정, 시간, 에너지)를 내어놓고 사람들의 육체적 필요를 돌볼 수 있다.

서로의 정서적 필요 돌보기

때때로 우리 혼은 보살핌이 필요한 처지에 놓이게 되는데, 그러한 보살핌은 오직 다른 누군가가 베풀 수 있다. 우리 혼은 감정이자 열정이며, 다른 사람의 혼을 돌본다는 것은 그의 이야기를 듣고 격려하며 확신을 주는 것이다.

귀기울여 듣기

마음이 뒤틀리고 약해질 때 우리는 누군가 자신의 말을 들어주길 바라게 된다. 단순히 말을 들어줄 사람이 아니라 진정으로 귀 기울여 줄 사람을 원한다.

친한 친구 중에 영적 지도자 훈련을 받은 형제가 있다. 그는 상대방의 마음에 귀 기울이는 방법을 잘 알고 있다. 때때로 나는 내가 진정으로 나의 내면과 마주하도록 도와줄 사람, 내가 지금 겪고 있는 감정과 느낌을 다루는 동안 내 옆에서 그 여정을 함께해줄 수 있는 사람이 필요하다. 비판하지 않고 듣는 것은 우리가 누군가에게 줄 수 있는 놀라운 선물이다. 그 친구는 비판하지 않으면서도 적극적으로 들어주는데, 그러한 그의 태도는 힘든 시기를 지나고 있는 내게 적잖은 위로와 격려가 되었다. 그와 만나고 집으로 돌아올 때면 나는 항상 내 말에 귀 기울여준 한 사람으로 인해 이전보다 자유로워짐을 느낀다.

격려하기

얼마 전 한 여성이 찾아왔다. "절 기억 못 하실 거예요. 4년 전 저는 사역을 그만두려 했습니다. 그때 제 하소연을 들어주고 제가 하나님의 사랑에 눈뜰 수 있게 도와주셨잖아요. 그 후로 저는 사역을 계속 감당하면서 영적으로 건강해졌답니다."

그녀는 몰랐겠지만, 그 말을 듣기 전까지 나는 매우 낙담한 상태에 있었다. 그런데 그녀의 고백이 나를 절망에서 구했다. 한때 나를 사용하여 그녀를 격려하신 하나님은 이제 그녀를 통하여 나를 격려하신 것이다.

사도 바울은 형제와 자매들에게 "서로 위로하고" "피차 권면하라"(살전 4:18, 5:11)고 말했다. 삶에서 만나는 사람들의 장점을 인정해주는 것만으로 우리는 이러한 일을 행할 수 있다. 마크 트웨인 Mark Twain 은 이렇게 말했다. "나는 칭찬 한 마디를 듣고 두 달은 족히 살 수 있다." 격려의 말은 삶에 생기를 불어넣으며 힘을 실어준다.

여러 자료를 모아둔 내 서랍 한 켠에는 '격려'라는 이름을 붙인 봉투가 있다. 거기에는 몇 년 동안 받은 편지와 카드, 짧은 메모 등이 들어 있다. 힘이 되는 내용의 글귀를 받을 때마다 나는 그것을 봉투 안에 넣어둔다. 그러다가 좌절감에 몹시 괴로운 날이면, 그 봉투를 꺼내 힘이 되는 한 마디 한 마디를 꼼꼼히 읽는다.

이 세상이 우리를 좌절시키는 일들로 가득한 탓에 우리에게는 격려의 말이 필요하다. 우리 주변 곳곳에 희망을 앗아가는 적잖은 이유들이 도사리고 있다. 서로를 돌본다는 것은 때론 단순히 "난 너를 믿어"라고 이야기해주는 것을 의미할 수 있다. 이런 말 한 마디는 한 사람의 마음에 생명력을 더해준다.

인정하는 한 마디

우리 마음은 격려와 함께 인정을 필요로 한다. "넌 할 수 있어!"라는 말이 누군가를 격려하는 말이라면, "넌 소중하단다"라는 말은 누군가를 인정하는 말이다. 나 역시 살아오면서 인정해주는 말을 듣고 새 삶을 시작했던 적이 수없이 많다.

언젠가 나 자신의 능력에 대해 무척 실망하고 있을 무렵, 나는 어머니를 모시고 정말 존경하는 분의 설교를 들으러 갔다. 그날밤 집회가 끝난 뒤, 그분이 나와 불과 몇 발자국 떨어진 곳에 계셨던 어머니께 와서 말했다. "당신의 아드님이 무척 자랑스럽습니다." 그분은 나를 보고 미소를 지으셨다. 내 마음은 기쁨으로 가득해졌다.

그 몇 마디가 내 혼을 깊은 절망에서 구해냈다. 그후 한 동안은 마음속에 그 말을 되새길 때마다 내 마음이 환희로 흠뻑 젖었다.

맥스 루케이도는 이런 글을 남겼다. "누군가의 마음 깊은 곳에 사랑의 언어를 심어보십시오. 그것이 잘 자라도록 미소와 기도로 잘 보살피십시오. 그리고 무슨 일이 일어나는지 지켜보십시오." 대부분의 경우 그 사람은 새롭게 일어나 넘치는 에너지로 살아가게 될 것이다.

영국의 시인 조지 허버트$^{George\ Herbert}$는 이렇게 말했다. "친절한 말 한 마디의 가치는 대단하지만 그 비용은 얼마 안 된다."

펜의 힘

글 또한 하나님의 은혜를 표현하는 효과적인 수단이 될 수 있다. 성경은 다른 사람에게 격려와 확신을 주기 위해 쓴 편지들로 가득하다. 누군가에게 편지를 쓰는 평범한 행동이 절망과 희망을 바꿔놓을 수 있다.

찰스 콜슨$^{Charles\ Colson}$은 머티 하웰$^{Myrtie\ Howell}$의 이야기를 들려준다. 많은 사람들이 '하웰 할머니'로 알고 있는 그녀는 펜을 사용해 감옥에 있는 사람들에게 위로와 격려를 안겨준 사람이다. 인생의 황혼기에 접어들었을 때, 그녀는 사랑하는 사람들을 먼저 떠나보내고 건강도 나빠졌다. 그녀는 이렇게 기도했다. "주님, 제가 당신을 위해 무슨 일을 할 수 있겠습니까? 하나님이 부르시기만 한다면, 전 당장이라도 갈 준비가 되어 있습니다. 이제는 죽고 싶습니다. 저를 데려가소서."

하나님이 응답하셨다. "죄수들에게 편지를 써라." 처음에 그녀는 두려웠다. 글 쓰는 실력도 대단찮았던 데다가 아는 사람 중에 교도소 사역을 하는 이가 전혀 없었다. 그녀가 알고 있는 것은 사명을 받았다는 사실뿐이었다. 그래서 그녀는 애틀란타 교도소에 다음과 같은 편지를 보냈다. 문장은 서투를지 모르지만 그 마음만은 진실했다.

사랑하는 수감자에게

나는 원치 않는 곳에 있게 된 당신을 사랑하며 관심을 갖고 있는 한 할머니랍니다. 나의 사랑과 연민을 당신께 보냅니다. 당신과 편지로 친구가 되고 싶어요. 내 편지를 받고 싶으면 답장을 써주세요. 편지 하나하나에 답장해 드리겠습니다.

— 그리스도인 친구 하웰 할머니가

교도소의 교목은 여덟 명의 수감자 명단을 할머니에게 건네며 그들에게 편지를 써달라고 했다. 그렇게 시작된 편지 사역은 그녀가 숨을 거둘 때까지 수백 명의 수감자들과의 편지 교류로 이어졌다. 많을 때는 한 번에 40명과 편지를 교환한 적도 있었다.

교도소에서 다른 죄수들처럼 그녀의 편지를 접했던 찰스 콜슨은 이같이 말했다. "하웰 할머니, 하나님이 복 주실 겁니다." 하웰 머티가 축복받았던 것은 그녀가 많은 사람들을 축복했기 때문이었다. 그녀는 말한다. "최근 몇 년 간은 제 삶에서 가장 보람있는 시간이었습니다."

아내의 가까운 친구인 베스 앤더슨$^{Beth Anderson}$은 다른 사람을 격려하는 데 뛰어난 은사를 가진 자매다. 몇 년 동안 나는 그녀가 많은 사람들에게 편지를 써 그녀가 얼마나 그들을 신뢰하고 있는지, 또 그들의 삶 속에서 역사하시는 하나님을 얼마나 자주 목격하고 있는지 말해주는 것을 지켜보았다. 그녀는 한 장의 종이에 글을 쓰는 조그마한 행동으로 사람들의 기운을 북돋워주었다.

서로의 영을 돌보기

우리는 또한 서로의 영적 필요를 돌보도록 부름받았다. 바울은 에베소 교인들을 위해 기도했다. "그 영광의 풍성을 따라 그의 성령으로 말미암아 '너희 속 사람'을 능력으로 강건하게 하옵시고"(엡 3:16). 여기서 바울이 말하고자 한 것은 우리 영인데, 영은 우리가 복음의 말씀에 응답할 때 소생하게 되며, 영적인 삶의 훈련을 통해 규칙적으로 새롭게 해야 하는 우리의 일부다. 다른 사람의 영을 돌보는 데에는 두 가지 중요한 방법이 있다. 그것은 복음의 메시지를 전하는 것과 기도하는 것이다.

말씀 전하기

내가 최초로 복음을 '읽은' 것은 열여섯 살 때였다. 내 손에 들어온 최초의 성경책은 팀이라는 친구가 준 것이었다. 그는 그리스도인이었으며, 나 역시 그리스도인이 되도록 기도하고 있었다. 내가 성경 한 권을 빌려달라고 하자 그는 놀라워하며 누군가 쓰던 〈리빙 바이블 Living Bible〉을 주었다. 그 책을 받아든 나는 이렇게 말했다. "대체 어디서부터 읽어야 하니? 너무 두껍다!"

우리는 둘 다 성경공부를 제대로 해본 경험이 없었다. 하지만 그는 사도행전과 시편이 재미있을 거라고 말해주었다. 나는 매일 밤 잠자리에 들기 전에 성경을 읽었다. 그 말씀은 씨앗과 같이 내 영의 텃밭에 차곡차곡 뿌려졌다.

나는 팻이라는 남자에게서 최초로 복음을 '들었다'. 그는 소방서에서 시간제로 일하던 사람이었다. 그는 때때로 해변에서나 어울릴 원색의 옷을 입고 너덜너덜한 성경책을 들고 다니며 거리에서 복음을 전했다.

열일곱 살 때 나는 그를 찾아가 하나님에 대해 날카롭고도 어려운 질문을 던졌는데, 그는 항상 진지하게 대해주었다. 팻은 내가 성경을 읽고 이해하도록 돕다가, 마침내 복음에 대한 기본적인 메시지를 들려주었다. 며칠 후 나는 하나님이 정말 계신다면 내 삶에서 역사해달라고 기도했다. 하나님은 과연 그렇게 해주셨으며 그후로 단 한 번도 멈추신 적이 없다.

팀과 팻은 나의 영을 돌보아주었다. 그 외에 많은 사람들이 믿음의 삶을 사는 나에게 다가와 교사나 인도자가 되어주었다. 하나님은 사람들의 입에 당신의 진리를 담아두기로 작정하셨다. 우리 영은 다른 사람이 선포하는 하나님의 말씀을 통해 소생한다. 복음을 전하는 21세기 '사도'가 될 수 있는 기회는 우리 모두에게 주어졌다. "너희는 우리로 말미암아 나타난 그리스도의 편지니 이는 먹으로 쓴 것이 아니요 오직 살아 계신 하나님의 영으로 한 것이며 또 돌비에 쓴 것이 아니요 오직 육의 심비에 한 것이라"(고후 3:3).

기도

"서로를 기도로 지지해주는 것만큼 위대한 친밀함은 없다." 이는 더글라스 스티어 Douglas V. Steere 의 말이다. 그는 아침마다 한 시간씩 교구의 한 사람 한 사람을 위해 기도하는 존 프레데릭 오버린 John Frederic Oberline 목사의 이야기를 들려준다. "매일 아침 그 시간 프레데릭의 집 앞을 지나가는 사람들은 조용히 입을 다문다. 그 집에서 무슨 일이 일어나고 있는지 알기 때문이다."

우리는 (넓고 밝은 곳뿐 아니라 어둡고 외지고 가로막힌) 모든 곳에 임재하시는 하나님의 세상에 살고 있으며, 그 하나님께 말씀드리는 것으로 모든 것은 변화된다. 기도는 모든 것을 변화시킨다. 이것이 사실이라면 우리가 서로를 위해 할 수 있는 가장 위대한 일은 기도다. 기도란 우리가 하나님의 마음을 바꾸려 노력하는 것도 아니며, 하나님이 그분의 뜻과는 다른 일을 행하시도록 그분을 달래는 것도 아니다. 기도란 적극적인 하나님의 사랑에 동역하는 것이다.

그처럼 하나님과 동역하는 사람을 만날 때마다 나는 놀라지 않을 수 없다. 그들의 기도는 많은 역사를 이룬다. 나는 그런 사람들에게서나 가능한 기도를 내 삶에서도 볼 수 있기를 열망한다. 그런 기도가 없다면 내 삶이 어떨지 상상조차 할 수 없다.

마찬가지로, 누군가 나를 위해 드렸던 기도가 응답되는 것이야말로 내 삶에서 기적이라 부를 수 있는 유일한 사건이 아닐까? 나는 매일 아침 여섯 시에서 일곱 시 사이에 교회에서 기도하는 한 형제를 알고 있다. 날마다 그 시간에 그는 자기가 아닌 오직 다른 사람들을 위해 기도한다. 어느날 그가 나에게 쪽지를 보냈다. 한 주 동안 나를 위해 계속 중보 기도를 했더니 천사가 한숨을 내쉬며 "그는 이제 괜찮다"고 말하는 것 같더라는 것이다. 그는 쪽지에 나를 위해 기도했던 날짜를 알려주었다. 달력을 넘겨보며 나는 내가 한창 힘들어 했던 시기에 그가 기도해주었다는 사실을 알게 되었다. 나는 그의 기도로 변화되었다고 확신한다.

줄 수 있는 것을 주지 않기에는 너무 짧은 인생

'… 하기에 인생은 너무 짧다' 목록 제2편을 적어보았다. 이번에는 특별히 서로를 돌볼 수 있는 기회에 대한 내용이다.

친절한 말 한 마디가 필요한 이에게 말을 아끼기에는, 아파하는 사람의 신음 소리를 못 들은 척 하기에는, 도움이 필요한 사람을 그냥 지나치기에는, 생명의 말씀을 전할 수 있는 기회를 다른 때로 넘기기에는, 아는 사람이 힘들어 할 때 그를 위해 기도하지 않기에는, 보내고 싶었던 격려의 편지를 쓰지 않고 지나가기에는, 우리의 인생은 너무 짧다.

위중한 병에 걸린 아이에게 인형을 보내지 않기에는, 지쳐 있는 부부의 아이를 돌봐주지 않기에는, 동료에게 꽃다발을 전하지 않기에는 인생은 너무 짧다.

이웃집 앞에 쌓인 눈을 치우지 않기에는, 주말에 양로원을 방문하지 않기에는, 사랑하는 사람에게 편지를 쓰면서 아침을 보내지 않기에는, 누군가로부터 "고마워요, 정말 그럴 필요까지는 없었는데…"라는 말을 듣지 않고 한 주를 보내기에는, 인생은 너무 짧다.

이런 일이 뭐 대단하냐고 생각할 수 있지만, 서로를 위한 조그마한 행동 하나 하나에는 값을 매길 수 없는 가치가 담겨 있다. 허먼 멜빌 Herman Melville의 지적처럼, "우리는 서로서로 수천 개의 섬유 조직으로 연결되어 있다. 그 중에서도 특히 자비와 긍휼과 동정심이라는 한 가닥의 섬유로 인해 우리가 베풀었던 친절은 언젠가는 다시 우리에게 되돌아온다."

자비의 본질은 강요받지 않는 것

성 프란시스 드 살레 St. Francis de Sales는 우리가 자비를 베풀 때마다 "하나님이 즉시 더 큰 자비를 베풀어주신다"고 믿었다. 다른 이들을 돌볼 때마다 다른 이들을 돌보는 우리의 능력은 더욱 커지며, 이러한 능력이 커질 때 우리 또한 많은 혜택을 누리게 된다. 결국 주는 자와 받는 자 모두가 복을 얻으며, 이렇게 베푸는 데에는 강요가 필요하지 않다는 것을 깨닫게 될 것이다. 윌리엄 셰익스피어가 쓴 글을 보자.

자비의 본질은 강요받지 않는 것이다.

그것은 마치 하늘에서 대지 위로 내리는
고마운 비와 같아서 이중의 축복을 지니다.
그것은 베푸는 자와 받는 자를 동시에 축복해준다.

함께 생각해볼 문제

1. 당신을 돌보아주는 사람들을 통해 기쁨과 유익을 누린 경험이 있습니까? 그 사람들을 통해 당신을 위로하고 돌보아주셨던 하나님께 감사하며, 또한 그들에게도 고마움을 표하는 시간을 가지십시오.

2. "하나님은 우리에게 서로의 필요를 채우는 데 필요한 것을 이미 주셨다. 우리가 해야 할 일은 바로 내놓는 것뿐이다."
— 우리는 이미 다른 사람들을 돌보는 데 필요한 자원을 갖고 있습니다. 주위에 육체적 필요나 정서적, 또는 영적 필요로 힘들어하는 사람이 있습니까? 당신이 할 수 있는 일이 무엇인지 구체적으로 적어보십시오.

3. "기도는 모든 것을 변화시킨다. 이것이 사실이라면 우리가 서로를 위해 할 수 있는 가장 위대한 일은 기도일 것이다."
— 사랑하는 사람들을 위해 얼마나 기도하고 있습니까? 기도가 필요한 사람들을 적어보고, 그들을 위해 기도하는 시간을 마련해보십시오.

에필로그

> 사랑 가운데 우리를 만드신 하나님. 그분의 사랑은 시작이 없었다.
> 사랑 안에서 우리는 시작을 맞이한다.
> ― 노르위치의 줄리안

이 책을 읽은 후에도 우리는 여전히 하나님의 용납과 용서와 돌보심에 대한 개념과 싸워야 할지 모른다. 그렇다 하더라도 절망하지는 말라. 이 책을 읽는 것은 그 여정의 시작일 뿐이다. 또는 이 책을 읽으면서 이미 배웠던 사실들을 되새겨보게 된 사람도 있을 것이며, 점점 자신의 내면에 자리를 잡아가고 있는 진리를 다시 확신하게 된 사람도 있을 것이다.

이 책에 담긴 이야기들은 그러한 배움의 여정 가운데 나온 것이다. 나 역시 이 여정을 끝마치지 못했다. 아니 여러 면에서 이제 겨우 시작했을 뿐이다. 하루가 시작될 때마다 하나님의 사랑을 더 배우는 기회가 찾아온다.

때때로 나는 내가 정말 하나님의 용납을 받아들였는지 회의에 빠지기도 했으며, 완전한 용서를 믿지 못했고, 하나님이 정말 돌보고 계시는지에 대해 고개를 갸웃거리기도 했다. 쉽지 않은 상황 속에서 그러한 의심과 씨름하던 나는 하나님을 의심하기보다 그분을 신뢰할 때 자유를 얻는다는 것을 깨달았다. 그리고 그 순간, 그 무엇도 아닌 하나님의 약속이 나를 붙들고 있으며, 나를 빚어가고 있음을 알게 되었다.

놀라운 하나님의 사랑을 맛보거나 그 안에서 감사하며 살기 위해 그 사랑을 완전히 이해할 필요는 없다. 하나님의 사랑에 감사하는 마음으로 반응하며 살아갈 때, 우리는 어느새 자기 자신과 서로를 놀랍도록 사랑하게 될 것이다. 완벽해지려는 욕망을 버리고 성장을 갈망하게 될 것이다. 성공과 성취를 향한 의지력으로 마음을 붙드는 대신 기도하게 될 것이다. 자신의 연약함을 감추는 대신 불완전한 자신의 모습을 인정하고 받아들이게 될 것이다. 우리를 위협하던 상처는 이제 은혜로 향하는 통로가 될 것이다.

사도 요한에 대한 이야기, 아니 전설 하나가 있다. 인생의 긴 여정을 마칠 무렵, 그는 종종 앉아서 몇 시간 씩 젊은 제자들에게 예수님의 말씀과 행적에 대해 가르쳤다. 어느날 제자 중 하나가 불만을 토로했다.

"선생님은 항상 사랑에 대해서만, 우리를 향한 하나님의 사랑과 서로를 향한 우리의 사랑에 대해서만 말씀하십니다. 왜 다른 주제에 관해서는 말씀해주지 않으십니까?"

한때 예수님의 가슴팍에 머리를 기댔던 요한은 이렇게 대답했다. "다른 것은 없다. 단지 사랑, 사랑, 사랑만 있을 뿐이다."

많은 가르침들이 우리의 관심을 끌고, 새로운 사상들이 우리의 생각을 파고들지만 하나님의 사랑보다 중요한 것은 없다. 우리 마음속에 흘러들어와 우리가 만나는 모든 사람들에게로 흘러가는 그 사랑. 노르위치의 줄리안의 고백처럼 하나님의 사랑에는 시작이 없었다. 그러나 그 사랑 안에서 우리는 비로소 시작할 수 있다.

사랑의 여정을 걷기 시작하는 당신에게 하나님의 축복이 있기를, 그리고 당신을 사랑하시는 하나님의 약속이 당신의 가슴과 영혼과 생각 속에 흘러넘쳐서 능력을 더해주시기를 바란다.

마지막으로 확신에 찬 사도 바울의 말씀을 나누고 싶다. "너희 속에 착한 일을 시작하신 이가 그리스도 예수의 날까지 이르실 줄을 우리가 확신하노라"(빌 1:6).

놀라운 하나님의 사랑

초판 1쇄 인쇄 / 2003년 11월 5일
개정판 1쇄 발행 / 2010년 6월 25일
지은이 / 제임스 브라이언 스미스
옮긴이 / 서하나
펴낸이 / 신은철
펴낸곳 / 도서출판 좋은씨앗
출판등록 / 제4-385호(1999. 12. 21)
주소 / 서울시 서초구 양재동 2-30, 덕성빌딩 4층(137-886)
영업부 / 전화 (02)2057-3041 / 팩스 (02)2057-3042
편집부 / 전화 (02)2057-3043
홈페이지 / www.gsbooks.org
이메일 / sec0117@empal.com
ISBN 978-89-5874-154-1 03230

Copyright ⓒ 1995 by James Bryan Smith
Originally published in English under the title:
Embracing the Love of GOD by HarperCollins Publishers
10 East 3rd Street, New York, Ny 10022, U. S. A.
All rights reserved.

Korean translation Copyright ⓒ 2003 by GoodSeed Publishing, Seoul, Korea
through the arrangement of KCBS, Inc, Seoul. Korea.

이 책의 한국어판 저작권은 KCBS, Inc를 통해 William Neill-Hall Ltd. Literary Agency와 독점 계약한 도서출판 〈좋은씨앗〉에 있습니다. 신저작권법에 의하여 한국 내에서 보호받는 저작물이므로 무단전재와 무단복제를 금합니다.

*이 책은 「하나님이 내게 반하셨다」의 개정판입니다.